Oldenbourg Interpretation
Band 11

Oldenbourg Interpretationen
Herausgegeben von
Klaus-Michael Bogdal und Clemens Kammler

begründet von
Rupert Hirschenauer (†) und Albrecht Weber

Band 11

Theodor Fontane

Effi Briest

Interpretation von
Elsbeth Hamann

Oldenbourg

Die Seitenangaben in Klammern beziehen sich auf folgende Ausgabe: Theodor Fontane, Effi Briest, ungekürzte Ausgabe, Berlin: Ullstein [6]1999 (Ullstein-Taschenbuch 23417).

Zitate sind halbfett gekennzeichnet.

CIP-Titelaufnahme der Deutschen Bibliothek

Hamann, Elsbeth:
Theodor Fontane, Effi Briest: Interpretation / von Elsbeth Hamann
– 4., korrigierte Aufl. – München: Oldenbourg, 2001
(Oldenbourg-Interpretationen; Bd. 11)
ISBN 3-486-88602-9

Bei Zitaten, Literaturangaben und Materialien im Anhang ist die neue Rechtschreibung noch nicht berücksichtigt.

4., korr. Auflage 2001 R
Druck 05 04 03 02 01
Die letzte Zahl bezeichnet das Jahr des Drucks.

Umschlagkonzept: Mendell & Oberer, München
Typografisches Gesamtkonzept: Gorbach GmbH, Buchendorf
Lektorat: Ruth Bornefeld, München
Herstellung: Karina Hack, München
Satz: jürgen ullrich typosatz, Nördlingen
Druck: Druckerei Appl, Wemding

ISBN: 3-486-**88602**-9

Inhalt

1 Die Entstehungsgeschichte des Romans

1.1 Der historisch-soziale Bezugsrahmen für »Effi Briest«

Im Jahre 1870 begann die Zeitspanne, in der THEODOR FONTANE – inzwischen einundfünfzigjährig – seinen Weltruhm begründete. Er wandte sich ab von traditioneller Lyrik, von Balladen im Stil des Spätrealismus, und fand zu der seiner Erzähl- und Darstellungskunst gemäßen Form. In dieser bis 1898 währenden letzten Epoche seines dichterischen Schaffens schrieb er in der Berliner Gesellschaft oder im märkischen Adel spielende Gesellschaftsromane[1], in denen er das Bild einer innerlich brüchigen Zeit entwarf und die seine Enttäuschung über das Zweite Deutsche Reich widerspiegelten. FONTANE hatte auf ein Reich gehofft, in dem die noch zeitgemäßen Werte – Charakter, Gesinnung – gelten, das aber alle veralteten Traditionen abschütteln sollte. Statt dessen blieb es bei sinnentleerten Wertvorstellungen.[2]

Welch lebenszerstörende Folgen ein überholter Ehren- und Sittenkodex in sich bergen kann, wird in dem Eheroman *EFFI BRIEST* verdeutlicht, dem **Meisterwerk des Siebzigjährigen, [...] Kronjuwel erzählender europäischer Prosa [...] Glücks- und Ruhmesfall erzählender Dichtung** [...].[3] Bei *EFFI BRIEST* handelt es sich nicht um einen nur auf die Liebe eingeschränkten Konflikt, sondern um ein allgemeineres Schicksal von Menschen, die sich in auflösenden oder übergehenden Zuständen befinden. Normative Ordnungen, die früheren Menschen Lösungsmöglichkeiten und damit Stützen in Konfliktsituationen anboten, vermögen einem Menschen keine Befreiung aus Zwangslagen zu gewähren, wenn sie nicht länger mehr etwas Lebendiges, Wirkliches und darum Gerechtes beinhalten.[4]

Die sich nach 1848 verdeutlichende bürgerliche Gesellschaftskrise aufgrund der sozialen Entwicklungen des Bürgertums, der soziostrukturellen Veränderungen der Familie und der mit ihnen verbundenen Familienideologien durchdrang insbesondere nach der Reichsgründung 1871 alle Lebensformen und berührte unmittelbar die Bereiche des persönlichen Selbstbewusstseins.

Eine zwiespältige und von der Auflösung bedrohte Existenz drückte sich nicht selten in einem von der Lebensgrundlage entfremdeten Rollenspiel der Gesellschaft aus. Der sich im Sozialen, Geistigen und in den Gesittungsformen abzeichnende Konflikt im Übergang vom Alten zum Neuen bildet bei FONTANE eine allgemeine historische Thematik. **In der**

fortschreitenden Vergesellschaftung einerseits, […] in der reziproken Isolierung der persönlichen Existenz andererseits, die vereinsamte und in das Innerlichste bis zum Verstummen zurückgedrängt wurde, hat Fontane die Krisensituation der Zeit gestaltet.[5]

Weil Ehe und Familie nun Institutionen des sozialen Lebens sind[6] und sich die erzählten Krisen und Konflikte durch die Zeitverhältnisse vom isolierten Einzelfall entfernen, erweitert sich ein Eheroman zum sozialen Roman.[7]

In *Effi Briest* lässt Fontane den Automatismus der gesellschaftlich verbindlichen Wert- und Normensysteme in ihrer Gesetzmäßigkeit ablaufen, und zwar zu einer Zeit, in der sich seine Sympathie vom Traditionellen zum Zukünftigen wandelte und seine kritische Haltung gegenüber der preußischen aristokratischen Gesellschaft eine Zuspitzung erfuhr; eine **offensichtliche Abrechnung** mit dem Adel erfolgt nicht, Fontanes literarische Waffe ist seine besondere Erzählhaltung, auf die im Folgenden noch näher einzugehen ist.

Carin Liesenhoff spricht von einer notwendigen Revision des gängigen Fontane-Bildes, der **versöhnenden Verbindlichkeit** seiner Romane, wobei sie das zeitgenössische national-konservative Bildungsbürgertum für die idyllische Verklärung der bürgerlichen Realisten zu unpolitischen Greisenautoren verantwortlich macht.[8]

Georg Lukács und Peter Demetz haben die Bedeutsamkeit Fontanes für diese Epoche deutlich herausgestellt und sich nicht verleiten lassen, aus der genauen Ortsbefindlichkeit der Fontane'schen Romanwelt auf dessen provinziellen Geist zu schließen. Die Originalität und unaufdringliche Größe Fontanes schließt ein Abgleiten in die bloße Belletristik aus. Deutlich wird jedoch seine Begabung durch die gesellschaftliche Entwicklung im Preußen-Deutschland gekennzeichnet.[9]

1.2 Die ›Ardenne-Affäre‹[10] als Quelle für »Effi Briest«

Das Recht eines Schriftstellers, **ein Lied zu singen, das die Spatzen auf dem Dache zwitschern**[11], hatte Theodor Fontane bereits in Anspruch genommen, als er sich 1894 in einem Brief an Joseph Viktor Widmann[12] veranlasst sah, zu dem nach Erscheinen seines Romans *L'Adultera* erhobenen Vorwurf der Kritiker, dass es sich bei der Veröffentlichung dieses Romans um eine bewusste Indiskretion gegenüber der Berliner Familie Ravené aus dem Jahre 1874 handele, Stellung zu beziehen, denn zu diesem Zeitpunkt veröffentlicht er seinen Roman *Effi Briest*, der nach seinen eigenen Aussagen ebenfalls einen Berliner Gesellschaftsskandal zum inhaltlichen Vorbild nahm. In seinen Briefen verweist Fontane mehrfach auf den realen Hintergrund des Romans.[13]

Die ganze Geschichte ist eine Ehebruchsgeschichte wie hundert andere mehr und hätte, als mir Frau L. davon erzählte, weiter keinen großen Eindruck auf mich gemacht, wenn nicht (vergl. das kurze 2. Kapitel) die Szene bez. die Worte: ›Effi komm‹ darin vorgekommen wären. Das Auftauchen der Mädchen an den mit Wein überwachsenen Fenstern, die Rotköpfe, der Zuruf und das Niederducken und Verschwinden machten *solchen* Eindruck auf mich, daß aus *dieser* Szene die ganze lange Geschichte entstanden ist […][14]

Helene Herrmann gelangt in ihrer Studie zur Geschichte des Romans zu der Erkenntnis, dass diese kleine Episode nicht eine Grundlage, sondern lediglich Anstoß für THEODOR FONTANE war, etwas zur Gestaltung zusammenzuschließen – eine symbolische Szene, die gefehlt hatte, um einem Werk zur Ausreifung zu verhelfen, das in seiner Gesamtempfindung innerlich vorbereiteter war als FONTANES andere Arbeiten.[15]

Die Ausführungen von Helene Herrmann werden von Hans Werner Seiffert durch ein Studium des Ardenne-Familienarchivs und anderer Quellen ergänzt und berichtigt, sodass nunmehr nicht nur eine Rekonstruktion der Geschichte, die FONTANE von Frau von Lessing hörte, vorliegt, sondern eine über die Einzelheiten der Erzählung der Frau von Lessing hinausgehende ausführliche Biografie von Elisabeth Baronin von Ardenne, geb. Freiin von Plotho.[16]

Liegt zunächst die Vermutung nahe, dass FONTANES Wissen um und über das Ehepaar Ardenne einzig auf der Mitteilung der Frau von Lessing basiert, so kann doch Hans Werner Seiffert dank seiner Archivstudien und eines Briefes von FONTANE an seine Frau nachweisen, dass FONTANE mehr wusste, als er vorgab zu wissen, und außerdem das Ehepaar Ardenne persönlich gekannt haben musste.[17] Die Erzählung der wohlinformierten Frau von Lessing auf eine gelegentliche Frage FONTANES ungefähr ein Jahr nach der Scheidung der Ardennes und die Faszination, die von dem Zuruf **Else, komm!**[18] ausging, führten dann zur Niederschrift des Romans.[19]

1.3 Fontanes Selbstzeugnisse zur Entstehung des Romans

Ja, die arme Effi! Vielleicht ist es mir so gelungen, weil ich das Ganze träumerisch und fast wie mit einem Psychographen geschrieben habe. Sonst kann ich mich immer der Arbeit, ihrer Mühe, Sorgen und Etappen, erinnern – in *diesem* Fall gar nicht. Es ist so wie von selbst gekommen, ohne rechte Überlegung und ohne alle Kritik.[20]

Mühelosigkeit, ein der Inspiration verpflichteter automatischer Prozess, Fehlen eines kunstvoll berechneten Verfahrens – Merkmale, die weitgehend im Gegensatz zu FONTANES bisherigem Schaffen stehen –: Sind dies die Gründe für das besondere Gelingen des Romans?

Insbesondere Conrad Wandrey als Repräsentant der frühen Forschung zu THEODOR FONTANE hat sich in seiner Betrachtung zu *EFFI BRIEST* von diesem Selbstzeugnis leiten lassen.[21]

Davon ausgehend, dass FONTANES reife Werke Gaben der Inspiration seien, beschränkt er sich im Wesentlichen darauf, die angenommene organisch gewachsene Einheit des Werkes zu beschreiben, ohne nach Ursachen für diese Einheit, nach erzählerischen Mitteln zu forschen, die zu dieser Einheit führen. Die Conrad Wandrey vorliegende Arbeit von Helene Herrmann[22], die drei Arbeitsschichten unterscheidet und dabei die erste durch die veränderte Namensgebung in drei Etappen teilt, findet zwar Erwähnung, aber keine Berücksichtigung bei der ganzheitlichen Betrachtungsweise.

Eine nach Erscheinen von Conrad Wandreys Buch herausgegebene Studie von Fritz Behrend geht nach Untersuchungen der verschiedenen Niederschriften von sieben Stufen bei der Entstehung des Romans aus, die sich bedingt durch Namensänderungen, örtliche Veränderungen, Charakterumstellungen, szenische Wechsel und stilistische Korrekturen wahrscheinlich machen lassen[23] und gar Rückschlüsse auf einen zeitlich langen und eher beschwerlichen denn mühelosen Akt der Romanentstehung zulassen.

Josef Thanner[24] zeigt an zwei prägnanten Beispielen auf, wie FONTANE durch wiederholte Korrekturen – nicht nur an exponierten Stellen des Romans – **eine […] Konzentrierung aller möglichen psychologischen und handlungsstrukturellen Gegebenheiten herbeiführt.**[25] Erst so wird die Perfektion der endgültigen Fassung erreicht.

Die Annahme von der bewussten und sorgfältigen Ausgestaltung des Werkes wird von einem Brief an Georg Friedländer unterstützt: **Dies ist der […] dritte Briefschreibetag; ich erhole mich dabei, nachdem ich mich an meinem Roman […] ganz dumm korrigiert habe.**[26] Den Mühecharakter der Korrektur unterstreicht auch ein Brief an Paul Schlenther vom 11. November 1895, in dem FONTANE ebenfalls die Gültigkeit seiner ursprünglichen Aussage von der mühe- und sorglosen Entstehung des Romans revidiert: **Nachträglich, beim Korrigieren, hat es mir viel Arbeit gemacht, beim ersten Entwurf gar keine.**[27]

Eine neuere Untersuchung von Jost Schillemeit hält gerade diese briefliche Äußerung FONTANES für einen Beweis der Geschlossenheit des Romans. **Er kann nicht anders als in einem Zug geschrieben sein. Von der ersten Seite bis zur letzten, ohne jemals abzusetzen, *ein* großes Legato, das selbst bei Fontane nicht seinesgleichen hat.**[28]

Unter Berücksichtigung der Tatsache, dass FONTANE etwa ein bis zwei Jahre nach der Scheidung des Ehepaares Ardenne durch Frau von

Lessing *erneut* auf diese Affäre aufmerksam gemacht wurde und dass die Art des Berichtes eine besondere Faszination auf ihn ausübte, könnte man davon ausgehen, dass der reale Entstehungsprozess von *Effi Briest* um 1889 begann. Diese Annahme wird durch eine Tagebuchäußerung Fontanes aus dem Jahre 1893 untermauert:

> **Nach Erledigung dieser Arbeit (Meine Kinderjahre, d. Verf.) mache ich mich an die Korrektur meines schon vor drei Jahren geschriebenen Romans: ›Effi Briest‹.[29]**

In Manuskripten, Tagebuchnotizen und Briefen wird deutlich, dass der Roman Anfang 1894 endgültig fertig gestellt war. Die Entstehungszeit betrug also – mit Unterbrechungen – nicht weniger als fünf Jahre. Der Widerspruch zwischen der Dauer des Schaffensprozesses von *Effi Briest*, den zahlreichen nachweisbaren Korrekturen, Fontanes Empfindungen zum Mühecharakter der Änderungen und den ursprünglichen Selbstzeugnissen ist nicht ohne weiteres aufzulösen. Geht man allerdings davon aus, dass Fontane vor der Fertigstellung von *Effi Briest* bereits vier Romane veröffentlicht hatte, die diesem fünften Roman im weitesten Sinne thematisch verwandt sind und damit eine gewisse Vertrautheit mit der Behandlung des Stoffes von *Effi Briest* vorausgesetzt werden kann, so liegt die Vermutung nahe, dass bei rückblickender Betrachtung bei Fontane nunmehr der Eindruck einer automatischen Fertigung entstehen konnte und dass in dieser besonderen Vertrautheit mit der Materie die Gründe für die Virtuosität in der Bewältigung des Stoffes verborgen liegen. Das Verblassen der Erinnerung an den bewussten und mühsamen Einsatz vielfältiger erzählerischer Mittel ist wahrscheinlich.

Der Roman *Effi Briest* schließt in seiner Thematik an die vier zuvor von Fontane veröffentlichten Romane an: *L'Adultera*, *Cécile*, *Graf Petöfy* und *Unwiederbringlich*.[30] Die Brüchigkeit einer Ehe ist – bei unterschiedlichem Geschehensablauf und voneinander abweichender Gestaltung der Konflikte – das gemeinsame Grundschema der Romane. Wie in *L'Adultera* und in *Cécile* setzt sich Fontane in *Effi Briest* mit der Ehe als einer gesellschaftlichen Institution auseinander. Insbesondere in diesen drei Romanen wird die Forderung der Gesellschaft nach der Aufrechterhaltung einer über dem individuellen Recht auf Freiheit stehenden allgemeinen Ordnung den Frauengestalten zum Verhängnis. Nur in *L'Adultera* wird versucht eine spätere Harmonie von subjektiver Glückserfüllung und Rückkehr in die Gesellschaft zu konstruieren.[31] Neben dem Konflikt zwischen den Ansprüchen des Individuums und den Forderungen der Gesellschaft spielt auch noch der Altersunterschied zwischen den Partnern (mit Ausnahme von *Unwiederbringlich*) eine entscheidende Rolle für das Scheitern der Ehe, wobei Altersunterschied nicht allein als physischer Prozess zu verstehen ist; mithilfe dieses zunächst rein äußerlich anmutenden Phänomens kann auch die Kluft zwischen überholten normativen Ordnungen und gesellschaftlichen Entwicklungen, die nach Revision oder Aufhebung verlangen, verdeutlicht werden. Während bereits in *Unwiederbringlich* der Konflikt in der Disharmonie der gegensätzlichen Charaktere begründet liegt, stellt sich uns der Charaktergegensatz in *Effi Briest* zwischen einem **spielerischen Temperamentsmenschen und einer Pflichtnatur**[32] als eine psychische Komponente des Altersunterschieds dar.[33]

2 Der Aufbau des Romans

2.1 Die Einführung des Erzählers in Raum, Zeit, Figuren und Situationen

Mithilfe der nachfolgenden Analyse des Romanaufbaus und der gerafften Wiedergabe des epischen Vorgangs soll zunächst versucht werden die äußere Struktur des Werkes zu erfassen. Eine Betrachtung der Gliederung und der Handlungsführung wird erweisen, ob der Erzähler bei der Komposition des Romans eine gewisse Sorglosigkeit walten ließ oder ob er – beim Aufbau formalen Prinzipien folgend – ein exakt strukturiertes Ganzes anstrebte.

Kommt Adolf Paul in seiner vergleichenden Untersuchung der Erzähltechnik Walter Scotts und Theodor Fontanes zu dem Ergebnis, dass beide Autoren bei der äußeren Komposition ihrer Werke **eine gewisse *Sorglosigkeit* walten lassen**[34], so sieht Conrad Wandrey in *Effi Briest* alle Vorzüge Fontane'scher Kunst vereinigt, wobei er den wohlproportionierten Bau des Ganzen und das Durchkomponierte des Einzelnen hervorhebt.[35] Auch Richard Brinkmann lobt die straffe Komposition.[36] Fritz Martini geht davon aus, dass Fontanes Formungskraft in *Effi Briest* die höchste epische Stufe erreicht habe,[37] d. h. dass es Fontane gelungen ist, die Stimmigkeit des Werkes durch das Zusammenfügen der einzelnen Elemente wie Raum, Zeit und Figuren zu einer geschlossenen Einheit zu erreichen.[38]

Unter Berücksichtigung des äußeren Geschehensablaufs und der Stadien der psychischen Verfassung der Hauptfigur lässt sich eine Aufteilung des Romans in mehrere Abschnitte vornehmen. Die entscheidenden Schwerpunkte des epischen Vorgangs werden durch die unterschiedliche Raffungsintensität des erzählten Geschehens, das breite Herausbilden von Wendepunkten und durch exemplarische Stationen innerhalb des Handlungsverlaufs und ihrer bevorzugten Präsentation verdeutlicht.

In den sechsunddreißig – meist noch in Unterabschnitte gegliederten – Kapiteln des Romans *Effi Briest* wird die Geschichte der Effi Briest über einen Zeitraum von etwa zwölfeinhalb Jahren erzählt, beginnend mit dem Verlobungstag und endend mit dem Tode der Hauptfigur.

Die Kapitel eins bis fünf vermitteln dem Leser ein Bild vom Leben der Effi Briest in ihrem Elternhaus in Hohen-Cremmen vor ihrer Ehe mit dem Baron von Innstetten, wobei die ersten zweieinhalb Kapitel die

Ereignisse eines Tages, nämlich des Verlobungstages, widerspiegeln. Nach einer detaillierten Raumbeschreibung werden wir bereits im ersten Kapitel mit der Hauptfigur des Romans konfrontiert.

Einer kurzen Darstellung der Tätigkeit von Mutter und Tochter folgt zunächst eine mehr dem äußeren Erscheinungsbild von Effi gewidmete Charakterisierung.[39] Die weitere Einführung in das Wesen der Hauptfigur überlässt der Erzähler einem Dialog zwischen Mutter und Tochter und dem sich unmittelbar daran anschließenden Gespräch im Rahmen einer Szene, die sich zwischen Effi und ihren Freundinnen Hertha und Bertha Jahnke, den Töchtern des Kantors, und Hulda Niemeyer, einer Pastorentochter, abspielt. In diesem Gespräch entwirft der Erzähler das Bild von Effi als eines noch kindhaften und ungestümen Mädchens, in dem die normativen Vorstellungen von einer jungen Dame aus der Welt des Adels kaum ihre Entsprechung finden.[40, 41] Gleichzeitig wird das Freundinnengespräch zu einer Einführung in die Person und das Leben des Baron von Innstetten aus Effis Perspektive benutzt.

Mit diesem ersten Ansatz zur Figurengestaltung der Effi legt der Erzähler bereits die psychischen Voraussetzungen für den Fortgang des Geschehens dar. Dies entspricht der Ausbreitung der faktischen Gegebenheiten im zweiten Kapitel: Effi wird durch ihre Mutter, deren Beziehung zu dem Baron von Innstetten durch Effi bereits im Freundinnengespräch Erwähnung fand, von der Werbung des Barons informiert. Die Gegenüberstellung der beiden Hauptfiguren erfolgt nahezu als eine Unterbrechung des Gesprächs zwischen Mutter und Tochter, und diese Begegnung wiederum erfährt eine Störung und somit eine enge Verknüpfung mit dem bedeutungsvollen Ruf der Freundinnen: **Effi, komm.** (20) Weder diesem Ruf noch dem Werben Innstettens lässt der Erzähler eine dargestellte Reaktion seitens Effi folgen. Als eine nur scheinbare Aussparung der unmittelbaren Entscheidung beginnt das dritte Kapitel: **Noch an demselben Tage hatte sich der Baron Innstetten mit Effi Briest verlobt.** (20) Unterstützt durch den Tempuswechsel (Imperfekt zu Plusquamperfekt) wird hier die Hinwendung zu dem thematischen Bezugsrahmen des Romans vollzogen. Somit markiert der Ruf der Freundinnen den entscheidenden Einschnitt in das Leben der Effi Briest; die abrupte Abkehr von kindlichem Spiel mit den Freundinnen hin zu einer Ehe mit dem um zwanzig Jahre älteren Landrat Innstetten.

Signale für den Problemcharakter der Verbindung zwischen Innstetten und Effi Briest manifestieren sich bereits im ersten Abschnitt des zweiten Kapitels durch die Einführung von zwei kurzen Szenen, in denen sich die Einstellungen der zwei Hauptfiguren widerspiegeln, wobei in der einen Effi im Gespräch mit den Freundinnen das gesellschaftlich

Notwendige und damit die zweifellos richtige Entscheidung unterstreicht und in der anderen Innstetten über den übermütigen Zuruf der Freundinnen in seiner möglichen – aber als Aberglauben von der Hand zu weisenden – Bedeutung als ein Zeichen reflektiert. Zur Einführung in die psychischen und faktischen Bedingungen für die Entfaltung des Konflikts bedarf es also demnach zweieinhalber Kapitel, die sich in zeitlicher Hinsicht auf einen Tag, den Verlobungstag, beschränken.

Die nächsten zwei Kapitel umfassen einen Zeitraum von mehreren Monaten. Trotz eines kurzen Raumwechsels – einige Tage Einkaufsaufenthalt in Berlin – bleibt der eigentliche Ort des Geschehens Hohen-Cremmen. Innerhalb dieses Raumes werden nun einzelne kurze, für den Fortgang der Handlung allerdings bedeutungsvolle Szenen aus dem Erzählerbericht herausgehoben. Die Dialoge innerhalb dieser Auftritte, nicht der eigentliche Erzählerbericht,[42] reflektieren das allgemeine Geschehen dieser Tage und unterstreichen die – allerdings unausgesprochene – Fragwürdigkeit einer Verbindung zwischen Effi und Innstetten; im fünften Kapitel wird die zuvor noch als bedenklich erachtete Eheschließung als vollzogen beschrieben.

Im gleichen Kapitel wird mittels zweier Dialoge zwischen dem Elternpaar Briest der Versuch unternommen, die problematischen Geschehnisse zu reflektieren und zu analysieren, die Konfliktträchtigkeit der Verbindung, die sich aus der wiederholt dargestellten Unterschiedlichkeit der Charaktere ergibt, zu apostrophieren, ohne allerdings Lösungsansätze zu diskutieren und viel weniger noch zu offerieren. Vielmehr enden beide Gespräche mit der resignativen Wendung des Vaters von Effi: **Das ist wirklich ein zu weites Feld.** (48) Mit diesem, die Widersprüche auf sich beruhen lassenden Ausspruch endet die Einführung des Lesers in die zentralen Figuren und der sich aus Zeit, Raum und Situation entwickelnden Basis für den Konflikt, dessen für die Beteiligten zwangsläufiger Ablauf durch die zum Ausdruck gebrachte Resignation des alten Briest angedeutet wird. Zwangsläufig ist hier allerdings nicht zu verstehen als Preisgabe der Substanz des Persönlichen an den Fatalismus.[43]

2.2 Die äußere Einteilung des epischen Vorgangs in Kapitel und Abschnitte

Der Roman *Effi Briest* ist wie alle übrigen Romane Theodor Fontanes[44] in Kapitel eingeteilt, innerhalb derer wiederum eine Unterteilung in Abschnitte vorgenommen wird. Tragen einige Romane Fontanes Kapitelüberschriften, so verzichtet der Erzähler in dem von uns untersuchten Werk auf diese die Hauptgesichtspunkte eines Kapitels kenntlich machenden Hinweise. Als entscheidende Kriterien für die Kapiteleinteilung können allerdings auch hier gelten: die Gruppierung um eine einheitliche Idee, das Auftreten einer neuen Person, die Herstellung einer räumlichen Einheit, ein neuer Handlungsabschnitt oder – und das scheint vor allem wesentlich zu sein – die Pointierung einer inhaltlich besonders relevanten Szene.[45] Diese Vorgehensweise der Akzentuierung von Bedeutungsmomenten im Rahmen des Geschehensablaufes kann innerhalb der ersten Romankapitel schon verfolgt werden: Der Kapiteleinschnitt (von Kapitel 1 zu Kapitel 2) mitten im Freundinnengespräch über die Geschichte vom Tod der untreuen Frauen und der von Hulda ausgedrückten Verwunderung, dass man so etwas doch vergesse, lässt die Antwort Effis: **Ich nicht. Ich behalte so was.** (16) zu einer bedeutungsschweren Pointe werden. Die bewusste Herausstellung einer solchen, auf das Kommende hinweisenden Begebenheit durch eine Kapitelunterbrechung wird noch deutlicher dadurch, dass der Erzähler hier sogar eine szenische Einheit unterbricht; denn im zweiten Kapitel setzt sich das Gespräch mit den Freundinnen fort, um einen für den Verlauf des Geschehens bedeutsamen Moment aus dem Fluss des zu Erzählenden herauszuheben.

Eine ähnliche Vorgehensweise kann auch in dem folgenden Kapitel festgestellt werden. Der Erzähler hat es in zwei Abschnitte aufgeteilt, wobei die Zäsur so vorgenommen wird, dass sich innerhalb eines zusammenhängenden Erzählvorgangs eine totale Veränderung des Lebens für Effi ergibt. Noch eben mit den Freundinnen spielend und sich von ihnen mit dem Zuruf verabschiedend: **Spielt nur weiter; ich bin gleich wieder da.** (18) endet jetzt das dem Spiel gewidmete Leben mit einer ihr durch die Mutter mitgeteilten Werbung Innstettens.

Die pointierte Stellung von für den epischen Vorgang relevanten Akzenten am Schluss von Kapiteln oder Abschnitten als ein bewusst eingesetztes formales Element kommt besonders bei dem für Fontane so wesentlichen Zuruf **Effi, komm**[46] zum Tragen. Als Unterbrechung innerhalb der Vorstellung zwischen Effi und Innstetten bildet dieser Ruf den Abschluss des zweiten Kapitels und auch innerhalb des dritten Kapitels als Ende des ersten Handlungstages, der Verlobung, reflektiert Innstetten über den Zuruf, **[…] als wäre der kleine Hergang doch mehr als ein bloßer Zufall gewesen.** (23 f.) Hiernach folgt ein neuer Unterabschnitt. Selbst im vierunddreißigsten Kapitel – am Ende des ersten Kapitelabschnittes – findet der Ruf Wiederaufnahme im Vorschlag des Vaters Briest, diese Aufforderung an Effi zu telegrafieren, um ihr somit die Rückkehr in das Elternhaus zu ermöglichen. (321)

Diese Einschnitte in den Erzählvorgang sind als eine bewusste Hinwendung des Erzählers zum Leser zu werten; denn die das Geschehen vermittelnden Figuren vermögen diese auf die Zukunft weisenden entscheidenden Momente kaum zu durchschauen. Indem jene Wendungen am Schluss einzelner Kapitel oder Unterabschnitte stehen, soll dem Leser ihre erhöhte Bedeutung erkenntlich gemacht werden.

Diese Beispiele aus den Expositionskapiteln mögen genügen, um die Pointierung einer inhaltlich relevanten Szene als Kriterium für die Einteilung in Kapitel und Abschnitte zu verdeutlichen.

Mit den ersten fünf Kapiteln kann auch der erste Erzählblock als abgeschlossen gelten: Effis Leben in Hohen-Cremmen, das allerdings in den letzten zwei Kapiteln wieder aufgenommen wird.

Der zweite Erzählblock schildert in neun Kapiteln (Kapitel 6 bis 14) Effis Leben mit Innstetten in dem kleinen Küsten- und Handelsstädtchen Kessin. FONTANE wählt hier den Ortswechsel von Hohen-Cremmen nach Kessin als kompositorischen Einschnitt, wobei Ereignisse wie die Hochzeitsreise des Brautpaares – noch im ersten Erzählblock – nur indirekt durch schriftliche Mitteilungen Effis und sich daran anschließende Reflektionen seitens der Eltern Berücksichtigung finden. Als zentrale Ereignisse der zweiten Erzählphase können Effis Ankunft in Kessin und ihre Erlebnisse um und mit dem Chinesen angesehen werden; ihnen kommt eine ausführliche und umfangreiche Darbietung zu. Die ersten drei Kapitel dieses Blocks konzentrieren sich ausschließlich auf den Ankunftstag und die Begebenheiten des ersten Tages in dem ungewohnten, sonderbaren und nahezu unheimlich anmutenden landrätlichen Haus.

Die Einführung Innstettens während der Anreise in die für Kessin wichtigen Personen lassen diese zunächst interessant erscheinen und auf Effi anregend wirken; die darauf folgenden gerafft geschilderten Antrittsbesuche des Ehepaares in der Stadt und bei dem Landadel verdeutlichen aber bereits die langweilende Wirkung der sich durch Mittelmäßigkeit auszeichnenden und somit für die lebenslustige Effi unergiebigen gesellschaftlichen Kontakte, deren Bedeutungslosigkeit durch die Raffungsintensität bei der Darstellung unterstrichen wird. Für die mangelnden und mangelhaften gesellschaftlichen Ereignisse vermag auch die zuvorkommende und liebevolle Fürsorge von Apotheker Gieshübler, einem Freund des Hauses, nicht zu entschädigen.

Von dem ausschließlich seiner Karriere lebenden Innstetten häufig allein gelassen, breiten sich in Effis Leben Verlassenheit, Einsamkeit und Isolation aus. Diese Effis Situation kennzeichnenden Faktoren manifestieren sich in dem wohl wesentlichsten Ereignis dieser Phase, dem auch breiter Raum gewidmet wird. In szenischer Darbietung werden Effis Erlebnis mit dem Chinesen und die unverständige Reaktion Innstettens darauf im zweiten und dritten Absatz des neunten Kapitels und im zehnten Kapitel geschildert. Durch Spukgeräusche und -erscheinungen geängstigt erfährt Effi bei ihrem Mann weder Verständnis noch Trost.

Der sich anschließende summarische Erzählbericht umfasst die folgenden Monate, er streift die Begebenheiten um Weihnachten und Silvester, geht ein auf die Begegnung Effis mit der sich bewusst außerhalb gesellschaftlicher Normen stellenden Künstlerin Trippelli und die für Effis späteres Leben notwendige Einstellung Roswithas und beschließt diesen Erzählblock mit der Geburt und Taufe der Tochter Annie.

Nun überspringt der Erzähler eine Zeitspanne von mehreren Wochen, nämlich Effis Aufenthalt in Hohen-Cremmen. Lediglich **glückliche Viertelstunden** (136) finden Erwähnung und werden rückblendend zusammen mit einem Gespräch zwischen Effi und ihrem Vater als Phaseneinschnitt in den nächsten Erzählblock aufgenommen. Er umfasst die Kapitel fünfzehn bis zweiundzwanzig, in deren Mittelpunkt der **Schritt vom Wege** (167) steht.

Im Kapitel neunzehn hat der Roman seinen Wendepunkt erreicht, auf den vier sich steigernde Szenen in Form von Begegnungen zwischen der sich Innstetten gegenüber entfremdet fühlenden Effi und dem erfahren und leichtsinnig zu nennenden Major Crampas vorbereiten. In ihnen wird das allmähliche und fast gegen ihren Willen stattfindende Hinübergleiten Effis zu Crampas deutlich.

Die zwischen Effi und Crampas geführten Gespräche werden in ihrem Bedeutungsgehalt intensiviert und die die beiden umgebenden Personen in ihrem Wichtigkeitsgrad reduziert.[47] Die Landschaft wird dabei einer sinnreichen Wandlung unterworfen. Am Ende des achtzehnten Kapitels erfolgt mit der Anreise zum Weihnachtsbesuch bei dem Oberförster die Anbahnung des Höhepunktes der Entwicklung, dem im neunzehnten Kapitel eine breit vorbereitete und in der eigentlichen Szene eine kurze, zwar dezente, aber unmissverständliche Darstellung gewidmet wird. Wie in anderen Romanen Fontanes dient auch hier eine Landpartie zur Vorbereitung und Durchführung eines Wendepunktes im Roman. Die Aufbereitung dieses erzählerischen Elementes, das Fontane einsetzt, um **die Fährnisse menschlicher Existenz, die Krise [...] im gesellschaftlichen Dekorum diszipliniert**[48] darzustellen, fasst Peter Demetz in einem Schema zusammen[49]: Die Anreise zur Oberförsterei erfolgt mit Schlitten, die Kaffeetafel geht einem Spaziergang voraus, an den sich ein Diner anschließt, bei dem ein Toast auf den Gastgeber ausgesprochen und das Preußenlied gesungen wird.

Nach einer zunächst für Effi unverfänglichen Schlittenordnung während der Rückreise erfordern jahreszeit- und witterungsabhängige Veränderungen des Schloon, eines sich zum sumpfigen Abgrund geöffneten, sonst kümmerlichen Rinnsals, einen Umweg und eine kompliziert begründete Umbesetzung der Schlitten, die Effi und Crampas zusammen- und zu einem **Schritt vom Wege** führt. Effis ausbleibender Widerstand gegen die Huldigungen von Crampas führen zur Vollendung der verhängnisvollen Schicksalswendung, die sich sowohl nach Seiten- als auch nach Kapitelzahl fast genau in der Mitte des Romans vollzieht. In Kapitel neunzehn bricht Effi vollends mit der normativen Ordnung der Gesellschaft und ist in den Folgekapiteln nur noch den Konsequenzen dieser Situation ausgesetzt. Die sich anschließenden und zum Teil kaum explizierten Begegnungen zwischen Effi und Crampas in den letzten Kapiteln dieser Erzählphase mögen für den Fortlauf der Handlung zwar bedeutungslos sein, dienen aber gleichzeitig einer Unterstreichung der Unwichtigkeit dieses leidenschaftslosen Verhältnisses zu Crampas für Effi selbst; die Verstrickung ist unauflöslich.

Der letzte Abschnitt des einundzwanzigsten Kapitels und das zweiundzwanzigste Kapitel lassen allerdings einen Ausbruch wahrscheinlich werden: Innstetten wird zum Ministerialrat berufen, was einen Ortswechsel nach Berlin bedeutet, der nach ausgesparter Reise zu Beginn der vierten Erzählphase als vollzogen berichtet wird. Selbst die mit Innstetten vereinbarte kurzfristige Rückkehr nach Kessin kann dank eines gespielten rheumatischen Leidens vermieden werden.

Aber die Möglichkeit, **ein neues Leben** (234) zu beginnen, existiert nur scheinbar; unbedeutend sind die Ereignisse und die mit ihnen verbundenen gesellschaftlichen Anregungen und Zerstreuungen, irrelevant das ruhige und harmonische Eheleben. Besondere Unterstreichung erfährt die Unabwendbarkeit des Verhängnisses durch die beständige und in jedes Kapitel aufgenommene Erinnerung oder Anspielung auf die Geschehnisse in der Vergangenheit, all dies mag der Vorbereitung auf die Enthüllung des Ehebruchs im siebenundzwanzigsten Kapitel dienen. Insbesondere Effi selbst ist kaum in der Lage, sich ihrer schuldhaften Vergangenheit zu entziehen, das Selbstgespräch während ihres Aufenthaltes in Hohen-Cremmen zeugt von Anklage und Schuldgefühlen (252 ff.). Die Bedeutungslosigkeit des Berliner Lebens für die Erfüllung von Effis Schicksal wird unterstrichen durch die Raffungsintensität in der Darstellung. In drei Kapiteln werden Begebenheiten gestreift und Ereignisse summarisch berichtet. Demgegenüber werden sechs Kapitel zur Vorbereitung und Entfaltung der Katastrophe benötigt.

Ein banales Ereignis ermöglicht in Kapitel sechsundzwanzig die Entdeckung der verhängnisvollen Briefe[50] und in fünf Folgekapiteln werden in unterschiedlichen Darbietungsformen die sich aus der Offenlegung von Effis Schuld ergebenden Konsequenzen für die einzelnen Beteiligten geschildert; die normative Ordnung der Gesellschaft fordert ihren Tribut: Innstetten bittet Crampas zu einem Duell, in dem Letzterer fällt. Effi wird von Innstetten geschieden, der auch das Kind behält. Ein Aufenthalt in Hohen-Cremmen wird Effi von ihren Eltern um gesellschaftlicher Rücksichten willen verwehrt.

Einen Zeitraum von drei Jahren in Effis Leben, das sie, von der Gesellschaft und von ihrer Familie verstoßen, in einer bescheidenen Berliner Wohnung zusammen mit dem Kindermädchen ihrer Tochter Annie verbringt, spart der Erzähler aus, wenn er im zweiunddreißigsten Kapitel mit dem letzten Erzählblock den Roman ausklingen lässt. Nach einer für Effi schmerzlichen Begegnung mit der ihr entfremdeten, inzwischen zehnjährigen Tochter Annie und einem darauf folgenden Zusammenbruch schließt ein letztes telegrafisches **Effi komm** (321) den Handlungskreis. Der physische Verfall hindert sie nicht an Reflexionen über Schuld und Sühne. In Frieden und Verklärung stirbt sie nach einem Jahr in innerlicher Versöhnung mit ihrem Mann:

Ja. Und es liegt mir daran, daß er erfährt, wie mir hier in meinen Krankheitstagen, die doch fast meine schönsten gewesen sind, wie mir hier klargeworden, daß er in allem recht gehandelt. In der Geschichte mit dem armen Crampas – ja, was sollt er am Ende anders tun? Und dann, womit er mich am tiefsten verletzte, daß er mein eigen Kind in einer Art Abwehr gegen mich erzogen hat, so hart es mir ankommt und so weh es mir tut, er hat auch darin recht gehabt. Laß ihn das wissen, daß ich in dieser Überzeugung gestorben bin. Es wird ihn trösten, aufrichten, vielleicht versöhnen. Denn er hatte viel Gutes in seiner Natur und war so edel, wie jemand sein kann, der ohne rechte Liebe ist. (340)

Die Frage nach der Schuld bleibt im Raum, denn **das ist ein *zu* weites Feld.** (342)

2.3 Der symmetrische Aufbau des Romans

Die äußere Einteilung des Romans in Abschnitte, Kapitel und Erzählblöcke bzw. -phasen lässt aufgrund ihrer Wohlproportioniertheit einen durchaus bewussten formalen Aufbau erkennen, der in dem inneren Fortgang der Handlung seine Entsprechung findet. Das zentrale Geschehen entfaltet der Erzähler in drei Hauptphasen von nahezu gleichem Umfang in Bezug auf Kapitel- und Seitenzahlen. Den Rahmen bilden die Exposition und der Ausklang, der sich fast ausschließlich der Reflexion des Geschehens widmet.

Die Ökonomie des äußeren Rahmens spiegelt sich in der konsequenten inhaltlichen Entwicklung des Romans. Scheinen Einschnitte und Kapitelaufteilungen sowie Erzählphasen sich zunächst an Raumveränderungen zu orientieren, so entspricht doch ein Wechsel des Schauplatzes auch immer einer seelischen Veränderung[51], und zwar in Form von **entscheidenden Stufen, auf welchen die veränderten Charaktere zu neuer Klarheit kommen** [...][52]

Das der Gliederung des Romans zugrunde liegende symmetrische Muster, die Abgestimmtheit der formalen Stufen des Aufbaus in ihrer Relation zu Ortsveränderungen und psychischen Entwicklungsstationen der Hauptfigur verdeutlicht Tafelbild 1.

Tafelbild 1: Der symmetrische Aufbau des Romans

Erzählblock	Kapitel	Kap. Anz.	Verhältnis der Kapitelanzahl zueinander	Seiten	Seitenanzahl	Verhältnis der Seitenanzahl zueinander	Formale Stationen des Aufbaus	Raumveränderungen	Psychische Entwicklungsstationen der Hauptfigur
1	1–5	5		7,00–47,50	41,50		Exposition	Hohen-Cremmen	Effi als unbeschwertes Mädchen im Elternhaus
2	6–14	9		47,50–135,25	87,75		Vorbereitung des Wendepunkts	Kessin	Effis Eheleben in Kessin – Weg in die Isolation
3	15–22	8	36 26= 72,2% 10= 27,8%	135,25–220,75	85,50	335,25 250,75= 74,8% 84,50 25,2%	Höhepunkt	Kessin	Der »**Schritt vom Wege**« – Effi bricht mit den Normen der Gesellschaft
4	23–31	9		220,75–298,25	77,50		Katastrophe und Auswirkungen	Berlin	Verstoß durch die Gesellschaft und Einsamkeit – Versuch eines »**neuen Lebens**«
5	32–36	5		298,25–341,25	43,00		Ausklang	Hohen-Cremmen	Reflexion und Sühne

3 Die Raumgestaltung als grundlegendes Element für den Aufbau des Romans

3.1 Allgemeine Vorbemerkungen zur Raumgestaltung

Der strenge Formwille FONTANES zu einem geschlossenen und symmetrischen Aufbau seiner Romane findet nicht nur Niederschlag in der äußeren Komposition, sondern verdeutlich sich vielmehr im Inhalt und den Arrangements der einzelnen Kapitel, wobei besonders die Raumgestaltung ein konstitutives Element darstellt. Eine Äußerung FONTANES verweist auf die bewusste Gestaltung eines sinnbezogenen und sinngebenden Raumes und nicht auf bloße Schilderung der örtlichen Verhältnisse:

> **Eine Sonne auf- oder untergehen, ein Mühlwasser über das Wehr fallen, einen Baum rauschen zu lassen, ist die billigste literarische Beschäftigung, die gedacht werden kann [...] Die Landschaftsschilderung hat nur noch Wert, wenn sie als künstlerische Folie für einen Stein auftritt, der dadurch doppelt leuchtend wird, wenn sie den Zweck verfolgt, Stimmungen vorzubereiten oder zu steigern.**[53]

Das Romangeschehen entfaltet sich an drei typischen Schauplätzen: **das Dorf mit dem Sitz eines Landedelmanns in der Mark; die Kleinstadt am Meer, wo mit wenig Neigung ein bißchen Bürgertum zur Erscheinung gebracht wird; die Großstadt Berlin mit der Saugkraft großer Verhältnisse und vieler Möglichkeiten.**[54]

Die einzelnen Erzählblöcke sind jeweils in einem der genannten Handlungsräume angesiedelt, wobei jede Erzählphase mit Ausnahme der dritten mit einer Fixierung des neuen Raumes beginnt.

Exposition und Ausklang als Rahmen des Romans finden wir im Elternhaus in dem märkischen Dorf Hohen-Cremmen angesiedelt; Aktionsfeld für die Vorbereitung des Wendepunktes und den Höhepunkt bildet das Städtchen Kessin mit dem Schloon als einem Charakteristikum der symbolischen Landschaft; die Ausbreitung der Katastrophe findet in der Großstadt Berlin statt.

Der Erzähler hat Raum, Figuren und Handlung eng miteinander verknüpft, was an den nachfolgenden Beispielen verdeutlicht werden soll.

3.2 Das Elternhaus in Hohen-Cremmen

Wie fast alle Romane FONTANES beginnt auch *EFFI BRIEST* mit einer Schauplatzexposition,[55] einer Beschreibung des Elternhauses und seiner Umgebung in Hohen-Cremmen.[56] Der Erzähler beginnt zunächst mit der Frontseite des Hauses, nimmt aber noch im selben Satz eine detaillierte Schilderung der Park- und Gartenseite vor.

In Front des schon seit Kurfürst Georg Wilhelm von der Familie von Briest bewohnten Herrenhauses zu Hohen-Cremmen fiel heller Sonnenschein auf die mittagsstille Dorfstraße, während nach der Park- und Gartenseite hin ein rechtwinklig angebauter Seitenflügel einen breiten Schatten erst auf einen weiß und grün quadrierten Fliesengang und dann über diesen hinaus auf ein großes, in seiner Mitte mit einer Sonnenuhr und an seinem Rande mit Canna indica und Rhabarberstauden besetzten Rondell warf. Einige zwanzig Schritte weiter, in Richtung und Lage genau dem Seitenflügel entsprechend, lief eine ganz in kleinblättrigem Efeu stehende, nur an einer Stelle von einer kleinen weißgestrichenen Eisentür unterbrochene Kirchhofsmauer, hinter der der Hohen-Cremmener Schindelturm mit seinem blitzenden, weil neuerdings erst wieder vergoldeten Wetterhahn aufragte. Fronthaus, Seitenflügel und Kirchhofsmauer bildeten ein einen kleinen Ziergarten umschließendes Hufeisen, an dessen offener Seite man eines Teiches mit Wassersteg und angeketteltem Boot und dicht daneben einer Schaukel gewahr wurde, deren horizontal gelegtes Brett zu Häupten und Füßen an je zwei Stricken hing – die Pfosten der Balkenlage schon etwas schief stehend. Zwischen Teich und Rondell aber und die Schaukel halb verdeckend standen ein paar mächtige alte Platanen. (7)

Nicht nur charakteristische Details[57] des Gartens, in dem auch die Einführung der Hauptfigur stattfindet und sich das nachfolgende Geschehen abspielt, werden genannt, sondern aus überschaubarer Perspektive wird das Herrenhaus der Familie von Briest durch Dorfstraße, Kirchhofsmauer und Schindelturm in seiner Lage innerhalb des Dorfes Hohen-Cremmen ausgemacht. Gleichzeitig wird die Abgeschlossenheit der hufeisenförmigen Anlage durch Fronthaus, Seitenflügel und Kirchhofsmauer gegen den Umraum hervorgehoben. Der Trennung des Herrenhauses sowohl in Front-, Park- und Gartenseite als auch in Sonnen- und Schattenseite folgt eine präzise Darstellung von Einzelelementen des Gesamtbildes in ihrer sorgfältig und zum Teil durch Form und Farbe beschriebenen Erscheinungsform und in ihrer jeweiligen Lage und Stellung zueinander in fast bühnentechnischer Manier.[58]

Mag der in drei Sätze gefasste Lageplan des Komplexes bei dem Leser zunächst auch noch keine klar zu definierende Stimmung hervorrufen, so enthält doch diese erste räumliche Fixierung eine Fülle sinngebender und vorausdeutender Elemente, wesentliche Charakteristika der Figurengestaltung Effis und der Familie von Briest sind angelegt oder zumindest vorbereitet.

Kann der helle Sonnenschein als Träger der für Hohen-Cremmen typischen **sonnigen** Stimmung angesehen werden, so verweist die erwähnte Sonnenuhr auf zwei bedeutende Faktoren in Effis späterem Schicksal: Einerseits dient die Uhr als Mahner an ihr rasch verrinnendes

Leben, andererseits kommt ihr auch noch symbolische Bedeutung dahin gehend zu, dass sie nur die **glücklichen Stunden** zählt; für Effi könnte demzufolge das Leben in Hohen-Cremmen auch mit glücklichem Leben gleichgesetzt werden[59] und an eben dieser Stelle steht am Ende des Romans Effis Grabstein, hier also ist Effis eigentlicher Platz, ihre Heimstätte.[60] Aber erst das Ende des Romans zeigt deutlich, wie strikt die Beschreibung dieses Schauplatzes auf das Geschehen hin funktionalisiert ist. Der im Roman leitmotivisch wiederkehrende Platz wird zur Grabstätte und erhält dadurch eine erhöhte Bedeutsamkeit; der Erzähler führt Effi an jenen Schauplatz zurück, der im Verlauf des Romans durchgängig für ein mit dem Leben in Hohen-Cremmen verknüpftes Gefühl der Ruhe und Geborgenheit steht.

So wie das Rondell mit der Sonnenuhr könnte man auch den Gesamteindruck der Raumkomposition in ihrer Abgeschlossenheit auf Effi beziehen. Diese weitgehende Konzentration des Raumes nach innen symbolisiert die Geborgenheit des Elternhauses, den Schutz vor der gesellschaftlichen und geschichtlichen Umwelt.

Eine noch weitere Einengung des schützenden Raumes Hohen-Cremmen wird in der Erweiterung der Schauplatzexposition vorgenommen. In einem zweiten Erzählanlauf wird der Raum mit Leben angereichert und in seiner Funktion für die Personen bestimmt.

> **Auch die Front des Herrenhauses – eine mit Aloekübeln und ein paar Gartenstühlen besetzte Rampe – gewährte bei bewölktem Himmel einen angenehmen und zugleich allerlei Zerstreuung bietenden Aufenthalt; an Tagen aber, wo die Sonne niederbrannte, wurde die Gartenseite ganz entschieden bevorzugt, besonders von Frau und Tochter des Hauses, die denn auch heute wieder auf dem im vollen Schatten liegenden Fliesengange saßen, in ihrem Rücken ein paar offene, von wildem Wein umrankte Fenster, neben sich eine vorspringende kleine Treppe, deren vier Steinstufen vom Garten aus in das Hochparterre des Seitenflügels hinaufführten. (7 f.)**

Der zweite Absatz beginnt mit der ausführlichen Beschreibung der Frontseite des Herrenhauses und wiederholt wird ebenfalls die Trennung zwischen Front und Garten. Wesentlich erscheint, dass die Einführung der Person Effis nicht an der Frontseite erfolgt, sondern zur Parkseite hin auf dem Fliesengang, ebenfalls ein Hinweis darauf, dass Effi das Leben außerhalb des Umfriedeten mit all seinen Schwierigkeiten nicht kennt.

Das Abgeschlossene des Inneren von Hohen-Cremmen entspricht der Lebensweise der Figuren; der Sitzplatz hinter dem Haus ist der Ort, an dem die Entscheidungen über Effis Leben getroffen werden.

Wird auch Hohen-Cremmen einerseits als Ort der Geborgenheit, als abgeschlossener schützender Raum nach außen hin charakterisiert, so ist er andererseits gekennzeichnet von einer inneren Offenheit, die durch große luftige Räume[61] und geöffnete Fenster[62] veranschaulicht wird; **heller Sonnenschein** (7) und belebender Lufthauch (32) vermitteln ein Gefühl der Weite und lassen eine Trennung von draußen und drinnen in Hohen-Cremmen kaum zu.

Blieb bisher bei unseren Betrachtungen die offene Seite des Hufeisens, der Teich, unberücksichtigt, so hat dieses Wasser doch eine besondere Funktion in seiner Verknüpfung mit der Vorstellung von Gefahr und Bedrohung für Effi, die einerseits bei der Versenkung der für schuldig gesprochenen Stachelbeer-Schlusen [...] **so vom Boot aus sollen früher auch arme unglückliche Frauen versenkt worden sein, natürlich wegen Untreue** (16) zum Ausdruck kommen, andererseits als Ursprung für Nachtluft und Nebel als ungünstige Witterungseinflüsse auf Effis Krankheit gelten kann. (337)

Auch die detaillierte Beschreibung der Schaukel in ihrer schiefen Balkenlage in unmittelbarer Nähe des Wassers ist bereits hier in Verbindung zu sehen mit Effis Vorliebe für das Fliegen und Schaukeln und dem damit verbundenen Reiz der Gefahr, ihrem Hang zum Abenteuer[63]. Umso bedeutungsvoller ist der Standort der Schaukel an der offenen Seite Hohen-Cremmens als Verbindungsstück zu den Abenteuern der Welt draußen.

Den einzigen durchlässigen Schutz bilden die zwischen Rondell, Teich und Schaukel stehenden Platanen, die immer dann Erwähnung finden, wenn Effi zur Ruhe gekommen ist.

Und sie legte den Kopf in ihre Arme und weinte bitterlich. Als sie sich wieder aufrichtete, war sie ruhiger geworden und sah wieder in den Garten hinaus. Alles war so still, und ein leiser, feiner Ton, wie wenn es regnete, traf von den Platanen her ihr Ohr [...] nur der Mondschein lag noch auf dem Grasplatz, und nur auf die Platanen rauschte es nach wie vor wie leiser Regen nieder. (253 f.)[64]

Deutlicher als die erwähnten Platanen stehen auch noch andere Pflanzen in Beziehung zu Effis Schicksal. So symbolisiert der Heliotrop im Verlauf des Romans Glückszustände Effis. Ihr Wohlbehagen, das sie unmittelbar vor ihrer Hochzeit im Elternhaus in Hohen-Cremmen noch unbelastet von gesellschaftlichen Zwängen empfindet, steht in enger Beziehung zu einer Beschreibung der Gartenlandschaft unter Erwähnung des Heliotrops.

Es war ein wunderschöner Tag; der in einem zierlichen Beet um die Sonnenuhr herumstehende Heliotrop blühte noch, und die leise Brise, die ging, trug den Duft davon zu ihnen herüber. (32)

Nach der qualitativen Bewertung des Tages durch den Erzähler werden zwei wesentliche Merkmale des Gartens mit dem Hohen-Cremmen auszeichnenden typischen Lufthauch verbunden. Ihre Wirkung als Ursache und Spiegel für die Stimmung der Personen erhält diese Raumgestaltung aber erst durch die von der Hauptfigur selbst vorgenommene Verbindung von Raum und Situation:

> **Ach, wie wohl ich mich fühle, […] so wohl und glücklich; ich kann mir den Himmel nicht schöner denken. Und am Ende, wer weiß, ob sie im Himmel so wundervollen Heliotrop haben.** (33)

Diese Verbindung von durch leitmotivische Chiffren gestalteter Szenerie und individueller Stimmung wiederholt sich an anderen Stellen im Roman.[65] Die Chiffren dienen einer Hervorhebung des beruhigenden und heilsamen Einflusses, den die Atmosphäre Hohen-Cremmens auf Effi ausübt; im Verlauf des Romans vermitteln sie dem Leser die für die jeweiligen Situationen erforderlichen Stimmungswerte, ohne auf Vorhergegangenes zurückgreifen zu müssen.

Gleiches gilt für die bereits im ersten Satz des ersten Kapitels erwähnten Rhabarberstauden; auch ihnen kommt eine verweisende Funktion zu. Zeigt sich im Spiel mit den Freundinnen Effis Kindlichkeit und kann in dem Gespräch mit ihnen die Erwähnung des Feigenblattes[66] auf ihre Unschuld hindeuten, so tauchen die Rhabarberstauden als Erinnerung daran – diesmal in Kombination mit einem weiteren Unschuldssymbol, dem Weiß – wieder auf, als Effi am Abend vor ihrem zweiten Hochzeitstag in Hohen-Cremmen, am Fenster über den nächtlichen Garten blickend, über Erlebnisse aus ihrer Kindheit sowie ihre Schuld und die ihr fehlenden Schuldgefühle reflektiert. (252 f.)[67]

Ein weiteres Charakteristikum des Raumes Hohen-Cremmen findet Erwähnung im ersten Absatz der Schauplatzexposition und verdient besondere Beachtung: der wilde Wein. Peter Demetz nennt dieses mit individueller Bedeutung versehene Motiv **private Chiffre** und verweist darauf, dass erst die Kenntnis der **privaten Chiffren** die volle Einsicht in die Details der FONTANE'SCHEN Romane vermittelt. Durch sie signalisiert der Erzähler dem Leser Gefahr und nahendes Verhängnis und bringt trotz des ahnungslosen Verhaltens der Romanpersonen kommende Ereignisse beständig ins Bewusstsein. (52, 279, 300)[68]

Für Peter Demetz ist der wilde Wein ein Zeichen für die **Sphäre der Ungebundenheit und Freiheit von Konvention**[69] überhaupt, und wenn der alte Briest von den Schwierigkeiten einer landrätlichen Stellung spricht und sich ganz bewusst gegen Innstettens Beamtenkarriere absetzt, so verwendet er den wilden Wein als Charakteristikum des Lebens in Hohen-Cremmen, als einen zwangsfreien Raum außerhalb gesellschaftlicher Verpflichtung: **Hier leb ich so freiweg und freue mich über jedes grüne Blatt und über den wilden Wein, der da drüben in die Fenster wächst.** (23)

Somit finden wir auch in *Effi Briest* einen Hinweis auf die symbolische Bedeutung des wilden Weins. Max Tau zählt den wilden Wein zu den **stehenden Motiven** im epischen Werk Fontanes und zeigt diese Bedeutung an zahlreichen Beispielen aus Fontanes Romanen auf.[70]

Auch für das bereits zuvor erwähnte **Effi-komm**-Motiv eröffnet sich in diesem Zusammenhang eine weitere Perspektive. Gebührt diesem Zuruf schon allein durch seine exponierte Stellung im Roman, durch seine Wiederholung und durch seine Anfang und Ende verbindende Wirkung besondere Beachtung, seine Bedeutung für das Geschehen, seine Verweisungskraft erschließt sich dem Leser jedoch erst vollständig durch die Verknüpfung mit dem Motiv des wilden Weins, wodurch er einen erweiterten Bezug erhält, indem er als Appell der Freundinnen an Effi verstanden werden kann, die Werbung Innstettens auszuschlagen und in dem ihr gemäßen Lebensraum, der durch Freiheit und Ungebundenheit ausgezeichnet ist, zu verbleiben. Der Erzähler lässt Effi diese *Warnung*, die Aufforderung zum Freibleiben, nicht verstehen. Indem sie den Antrag Innstettens annimmt, gibt er sie frei für den Weg in eine problematische Verbindung, frei für das Durchleben einer zwangsläufigen Katastrophe.

Richard Quabius vermag in dem wilden Wein nicht nur ein Symbol für Freiheit zu erkennen, sondern er verweist des Weiteren auf die in dem wilden Wein enthaltene Farbsymbolik.

Der Gegensatz zwischen Geborgenheit und Weite, Kindlichkeit und Abenteuerlust spiegelt sich schließlich auch in der Farbgebung der Eingangsschilderung, nämlich dem Weiß und Grün des Fliesenganges und dem Weiß der Eisentür in der ganz mit – grünem – Efeu bewachsenen Friedhofsmauer. Weiß benutzte Fontane im üblichen Sinne als Symbol der Unschuld, und Grün, das in enger Verknüpfung mit dem am Fenster wachsenden wilden Wein erscheint, weist auf die Natur und bedeutet Freiheit.[71]

Zusammenfassend können wir feststellen, dass bereits im Rahmen der ersten Raumbeschreibung alle leitmotivisch wiederkehrenden Elemente von Hohen-Cremmen erwähnt werden: Rondell, Sonnenuhr, Fliesengang, Teich, Schaukel, Platanen, Rhabarberstauden, wilder Wein und Heliotrop. Der helle Sonnenschein und Lage und Zustand der Gebäude sowie der bevorzugte Aufenthaltsort innerhalb ihrer Mauern tragen dazu bei, beim Leser eine Vorstellung des Raumes und seiner Stimmung zu erwecken. Dabei ist dieser Handlungsschauplatz nicht einfach irgendein empirischer Hintergrund[72] für das Geschehen, sondern ein Raum mit **poetischer Verweisungskraft**[73], der in bedeutungsvoller Verbindung mit den Handelnden steht und in das Romangeschehen unmittelbar integriert ist. Fontanes Anspruch – **Bei richtigem Aufbau muß in der ersten Seite der Kern des Ganzen stecken**[74] – hat sich somit erfüllt.

3.3 Das Eheleben in Kessin

Die am Beispiel Hohen-Cremmens aufgezeigte bewusste Raumgestaltung des Erzählers lässt sich auch am Ort des Ehelebens, Kessin, feststellen. Beide Räume haben einen hohen Bedeutungsgehalt innerhalb des Romans.

Nach der Eheschließung verlässt Effi das Elternhaus in Hohen-Cremmen und mit ihrer Ankunft in Kessin beginnt ein neues Handlungsstadium; der Raum wird als kompositorischer Einschnitt benutzt.

Ist Hohen-Cremmen noch mit idyllischen Qualitäten ausgestattet und wird es vom Erzähler zu einer **quasi jenseitigen Landschaft**[75] erhoben, so ist Kessin als das **bedrückende Gegenstück**[76] zu veranschlagen. Diese gegensätzliche Konzeption der Raumgestaltung findet bereits in der Beschreibung der ersten Landschaftsausschnitte in der Gegend von Kessin ihren Niederschlag (49).

Unter Aussparung der Reise und des tatsächlichen Wohnortwechsels erhält Kessin trotz der Nennung einiger Stationen auf dem Wege dorthin im eigentlichen Sinne keinen geographischen Bezugsrahmen. Mit dem Kurierzug in Berlin eintreffend setzen Effi und Innstetten mit dem Stettiner Zug ihre Reise in Richtung Klein-Tantow fort, von wo aus man im offenen Wagen die zwei Meilen entfernte Stadt an dem der Stadt den Namen gebenden Flüsschen Kessine erreicht, indem man die rechte Seite einer beim Gasthaus **Fürst Bismarck** befindlichen Chaussee-Gabelung benutzt, deren linke Seite nach Varzin, dem Ort der Karriere-Ambitionen Innstettens, führt (48 ff.).

Kessin erfährt als Ort in seiner Gesamtheit keine ausführliche Beschreibung. Die Schilderung des Handlungsraumes seitens Innstettens erfolgt ausschließlich zugunsten einer für die zentrale Figur relevanten Perspektive und wird unmittelbar mit ihrer Reaktion auf diese Raumsituation verknüpft. Die Eigenständigkeit der einzelnen Details verliert sich in der Reduktion ihrer Darstellung als Basis für ein Effi umgebendes und sie unmittelbar tangierendes Geschehen. Die Intensität der Beschreibung von Einzelheiten ist dabei abhängig von ihrem Wert für das Verständnis der Effi-Gestalt. Nahezu alle Komponenten enthalten Elemente des Fremdartigen, Unsicheren, Bedrohenden, Gruseligen, Furchterregenden und sogar Innstettens eigene Unsicherheit[77] offenbart sich in dem Ausspruch: **Hier ist alles unsicher.** (51) Diese gesamte fremdartige und unsichere Gestimmtheit dient der Untermalung einer sich bereits anbahnenden Katastrophe in der Ehe Effis mit Innstetten.

Selbst das durch Innstetten noch während der Fahrt in der Kutsche gegebene **Personenverzeichnis und Register**[78] dient der Konfrontation

Effis mit der Fremdartigkeit des neuen Handlungsraumes. So ist der Starost ein halber Pole namens Golchowski, die Landbevölkerung setzt sich aus Kaschuben slawischer Abstammung zusammen, das Vorhandensein eines Farbigen oder Türken in der Bevölkerung bleibt nicht unwahrscheinlich und für den Aufenthalt **sogar** eines Chinesen gibt es einen sichtbaren Beweis in Form eines **schauerlichen** Grabes, **es liegt zwischen den Dünen, bloß Strandhafer drum rum und dann und wann ein paar Immortellen, und immer hört man das Meer.** (52) Diese Raumattribute des Chinesengrabes kennzeichnen sowohl den Ort, an dem zwischen Effi und Crampas erste Fäden zum Ehebruch gesponnen werden (155 ff.), als auch den späteren Duellplatz (280).[79]

Als konkrete Beispiele für die von geheimnisumwitterten und für **rätselhafte Ereignisse verantwortlich**[80] scheinenden Fremden, mit denen die Stadt durchsetzt ist, werden zitiert: der Maschinen- und Baggermeister Macpherson aus Schottland, der aus Lissabon stammende Wundarzt Beza, ein ursprünglich in Schweden beheimateter Goldschmied namens Stendingh, der gute alte dänische Doktor Hannemann, der lange Zeit seines Lebens in Island zugebracht hat, und ganz zuletzt gar ein ehemaliger Seeräuber unter der Schwarzflagge. Selbst der als **Kenner** ausgegebene Neufundländer trägt den Namen eines Normannenherzogs: **Rollo** (50 ff.). Innstetten schließt seinen Bericht ab mit der als ästhetisches Urteil zu verstehenden und keinen Widerspruch erwartenden Frage: **Ist es nicht schön?** (54) Die bestätigende, aber gleichzeitig einschränkende Antwort wird vom Erzähler zeitlich verzögert durch eine Landschaftsschilderung aus Effis Perspektive:

Effi, die, still in sich versunken, jedes Wort halb ängstlich, halb begierig eingesogen hatte, richtete sich jetzt auf und sah nach rechts hinüber, wo der Mond, unter weißem, aber rasch hinschwindendem Gewölk, eben aufgegangen war. Kupferfarben stand die große Scheibe hinter einem Erlengehölz und warf ihr Licht auf eine breite Wasserfläche, die die Kessine hier bildete. Oder vielleicht war es auch schon ein Haff, an dem das Meer draußen seinen Anteil hatte. (54)

Erst jetzt – nach der nochmaligen Vergegenwärtigung der bei Effi bestimmte Empfindungen auslösenden optischen Wahrnehmung – lässt der Erzähler die von Innstetten Angesprochene in einer Modifikation des von ihm abgegebenen Urteils antworten, eine um Aufklärung bittende Frage anschließend:

Ja, du hast recht, Geert, wie schön; aber es hat zugleich so was Unheimliches. In Italien habe ich nie solchen Eindruck gehabt, auch nicht, als wir von Mestre nach Venedig hinüberfuhren. Da war auch Wasser und Sumpf und Mondschein, und ich dachte, die Brücke würde brechen; aber es war nicht so gespenstig. Woran liegt es nur? (54 f.)[81]

Unmittelbar im Anschluss an diese neuerliche Betonung des Unheimlichen und Gespenstigen erfolgt die Beschreibung des Innenraumes der landrätlichen Wohnung in Kessin – wiederum aus Effis Perspektive, wobei der Standort und die Zuordnung der Details zueinander sich in Abhängigkeit von Effis Position beim Betreten des Hauses befinden. (57) Die Fremdartigkeit des neuen Handlungsraumes wird nunmehr weiterhin verdichtet. Viele sonderbare Dinge wie **ein Schiff mit vollen Segeln,** ein riesiger Haifisch und ein junges Krokodil sind die den Raum kennzeichnenden Requisiten (57) – für Effi immer wieder erwähnenswerte und das Milieu aus ihrer Sicht trefflich charakterisierende Elemente: [...] **es hat alles so was Fremdländisches hier, [...] das merkwürdige Schiff draußen im Flur, [...] der Haifisch und das Krokodil** [...] (66) Eine Steigerung des Gespenstischen erfahren das Landratshaus und der Ort Kessin im weitesten Sinne durch das Phänomen des Chinesen, auf das sich reale Gegebenheiten des landrätlichen Hauses begünstigend auswirken. So findet Effis Verstörung während der ersten Nacht in Kessin eine einleuchtende und beweisbare Erklärung in den viel zu langen alten weißen Gardinen des unbewohnten Saales, der sich über den Zimmern der landrätlichen Wohnung befindet. Diese Gardinen schleifen dort über die Dielen und erwecken den Eindruck des Rauschens von Seidenkleidern oder des leisen Tanzens von Atlasschuhen (61 ff.).

Befremdlich und die Situation weiter verdichtend wirkt dann auch Innstettens Reaktion auf Effis Versuch, die Lösung des Problems durch ein offenes Gespräch zu klären:

> **Innstetten sah in einer klaren Verlegenheit vor sich hin und schien schwankend, ob er auf all das antworten solle. Schließlich entschied er sich für Schweigen. (67)**

Das schweigende Ausweichen wiederholt sich, als Effi in einem der vier dem **öden und ärmlichen Saal** auf der anderen Flurseite gegenüberliegenden einfenstrigen Zimmer, die wie der Saal gelb getüncht und mit einer Ausnahme ganz leer sind, auf der Lehne einer der drei durchgesessenen Binsenstühle **ein kleines, nur einen halben Finger langes Bildchen** [...], **das einen Chinesen darstellte,** (70) entdeckt. Das Verhalten Innstettens löst bei Effi Verwunderung aus; Innstettens Flucht in das Unverbindliche verunsichert sie (70 f.).

Sorgfältig ausgewählte Raumelemente in ihrer Kombination mit der Reaktion der Figuren auf sie und um sie herum bereiten hier bereits am ersten Tag des Zusammenlebens in Kessin die Entfremdung des Ehepaares vor.

Fügt man zuvor aufgeführte Details des Kessiner Hauses zu einem Gesamtwerk zusammen, so ergibt sich daraus ein Kontrastbild zu Hohen-Cremmen. Die Weite und Offenheit des Hauses in Hohen-Cremmen verkehrt sich in Kessin in eine beklemmende Enge. Die Ausstattung des Flurraumes (Astrallampen, Eichenschränke, Klapptisch, Schiff, Haifisch und Krokodil) (57), der von einem **etwas schwerfälligen Zylinderbüro** (62) und einem kleinen Ecksofa bestimmte Wohn- und Arbeitsraum des Hausherrn, Effis eigenes, zwar durch einen Flügel und ein Bassin mit Fischen aufgewertetes (58), ansonsten aber kärglich möbliertes Zimmer in Verbindung mit dem **alkovenartigen Schlafraum** (59) tragen zur seelischen Enge in Kessin bei. Diese Eingeschränktheit wird noch unterstützt, teilweise aber auch kontrastiert durch die Eindrücke vom oberen Stockwerk des Vorderhauses, zu dem eine schiefe, baufällige und dunkle Treppe hinausführt. Ebenfalls schief hängt eine Doppeltür, die den beinah licht und heiter wirkenden, weil einen guten landschaftlichen Ausblick ermöglichenden Flur mit dem durch die ganze Etage laufenden Saal verbindet, dessen Ausstattung bei Effi einen öden und ungepflegten Eindruck hinterlässt. Auffallend sind auch in diesem Zusammenhang wieder die langen, durch einen ständigen Luftzug in Bewegung gehaltenen Gardinen, an deren Zustand Innstetten keine Veränderung vornehmen lassen möchte (69 ff.). Gerade der Luftzug – ebenso wie der mit Licht erfüllte und darum heiter wirkende Flur –, der durch die offen stehenden Vorder- und Hinterfenster des Saales erzeugt wird, entspricht Effis Neigung zu Licht und Luft, zum *Draußen* von Hohen-Cremmen. Aber dieser für Effi ideale Raum bleibt ihr verschlossen, bleibt reserviert für das Reich des Spuks.[82]

Der Saal bildet einen Kontrast zu den dunkel und unheimlich wirkenden bewohnten Räumen des Hauses, deren Dumpfheit nicht einmal[83] durch geöffnete Fenster belebt wird – im Gegensatz zu Hohen-Cremmen.

Wird somit das *Innen* Kessins vom Erzähler bewusst gegen das *Innen* Hohen-Cremmens abgesetzt, so bezweckt er, mit der Gestaltung der Gesamtanlage beider Häuser ebenfalls einen Gegensatz zu erzeugen. Obwohl hier wie dort eine Hufeisenform vorliegt und beide Häuser über Garten und Freisitz verfügen, so werden doch bei sorgfältiger Betrachtung erhebliche qualitative Unterschiede sichtbar. Der nach außen hin geschützte Garten des Elternhauses stellt den zentralen Lebens- und Aufenthaltsraum der Familie Briest dar, der Garten des landrätlichen Hauses ist unbenutzbar, den Freisitz bildet eine einem **großen, gedielten Podium** gleiche Veranda; dieser der Hauptverkehrsstraße nach dem Strande hin zugewandte Freisitz, in den von allen Vorüberkommenden Einsicht genommen werden kann (68, 140), symbolisiert Effis Schutzlosigkeit gegenüber der Gesellschaft und ihren Anfechtungen. Und eben diese Veranda wird Handlungsraum für eine entscheidende Begegnung zwischen Effi und Crampas (142 ff.). Letzterer küsst **der in ihrem Schaukelstuhl sich weiter wiegenden Effi die Hand.** (142) In der Retrospektive fasst Effi die Bedeutung dieser Szene für ihr Leben wie folgt zusammen: **Das war der erste Tag, da fing es an.** (252) Dieses Treffen im Freien bahnt die Verstrickung mit Crampas an, für die als neuer Handlungsraum wiederum das Freie gewählt wird. Somit ergibt sich der **Schritt vom Wege** als eine Konsequenz aus der Unannehmbarkeit der fremden Umgebung, die sich spiegelt in dem geschilderten Milieu Kessins, in dem **Spukhaus** Innstettens und im Mangel an zufrieden stellenden gesellschaftlichen Kontakten. Kessin ist nicht der rechte Platz für sie, sondern ein Unglück (246), **a wintertime domicile for a creature of summer.**[84]

3.4 Der Schloon als ein Charakteristikum der symbolischen Landschaft

Mit der aus Effis Perspektive erfolgenden Landschaftsbeschreibung unter Verzicht des Erzählers auf später bedeutungsvolle Elemente vermittelt sich uns bereits ein beängstigend unheimlicher Eindruck, der sich daraus auch für Effi ergibt. Wird unter Vermittlung von Detailangaben wie Strand, Mole, Meer und Dünen der Schauplatz als ruhige Landschaft charakterisiert und aus Effis Sicht während des ersten Ausrittes mit Crampas in Begleitung Innstettens als **groß und herrlich** bezeichnet (148), so erfahren diese Landschaftselemente bei den beiden folgenden Ausritten entscheidende Veränderungen in Abhängigkeit von der sich wandelnden Situation der Figuren.

Begründet durch einen Wetterumschlag im November verleiht der Erzähler der noch zuvor als ruhig bezeichneten Landschaft Raumattribute wie treibende Wolkenmassen, schäumendes Meer, lärmende Brandung als Künder drohender Gefahr während eines Ausrittes von Effi und Crampas ohne Innstetten (150 ff.). Wieder einmal dient die Gestaltung eines Raumes der Kenntlichmachung psychischer Prozesse in der Hauptfigur und um sie herum; denn während dieses Ausrittes spricht Crampas von einer mystischen Richtung Innstettens, bringt ihn in Zusammenhang mit Spukgeschichten und trägt, nachdem Effi ihre Erlebnisse im Hause Innstetten nach zunächst schweigendem Zuhören darlegt, trotz erklärter Unfähigkeit zur Lösung des **psychologischen Rätsels** Innstetten bei, indem er den Spuk als ein erzieherisches Instrument des Landrats entlarvt.

Eine weitere Verstärkung als Hinweis auf eine drohende Gefahr erfährt die Schauplatzbeschreibung des letzten Ausrittes mit Crampas durch die Aufnahme der Immortellen in das Landschaftsbild, wodurch sich nach unseren Ausführungen zum Symbolcharakter der Immortellen ein Bezug zum Tode unmittelbar herstellen lässt.[85]

Der volle Bedeutungsgehalt der symbolischen Landschaft erschließt sich dem Leser allerdings erst beim Auftreten der Naturerscheinung **Schloon,** dessen Funktion für den Romanablauf zunächst auf ein die Schlittengesellschaft aufhaltendes Element reduziert wird. Die sandige Brachlandschaft, in die sich ein unterirdisches und geheimnisvolles Rinnsal hineinschleicht, um sie in einen trügerischen Morast mit elementarer Sogwirkung zu verwandeln, entfaltet sich zum Höhepunkt der Natursymbolik. Der Schloon repräsentiert ein bedeutungsvolles Vorzeichen von Effis Untreue; unter Ausnutzung seines symbolischen Gehalts wird durch ihn die Verführung im Bilde vorweggenommen.[86]

Die durch Sidonie von Grasenabb während der Schlittenfahrt gegebene Definition des Schloons enthüllt eindrucksvoll die nicht zu widerstehende Kraft dieser Naturerscheinung:

> **[...] dieser Schloon ist eigentlich bloß ein kümmerliches Rinnsal, das [...] sich durch die Dünen schleicht. Und im Sommer trocknet es mitunter ganz aus, und Sie fahren dann ruhig drüber hin und wissen es nicht einmal [...] im Winter, da ist es was anderes [...] Da wird es dann ein Sog [...] und am stärksten immer dann, wenn der Wind nach dem Lande hin steht. Dann drückt der Wind das Meerwasser in das kleine Rinnsal hinein, aber nicht so, daß man es sehen kann. Und das ist das Schlimmste von der Sache, darin steckt die eigentliche Gefahr. Alles geht nämlich unterirdisch vor sich, und der ganze Strandsand ist dann bis tief hinunter mit Wasser durchsetzt und gefüllt. Und wenn man dann über solche Sandstelle hinweg will, die keine mehr ist, dann sinkt man ein, als ob es ein Sumpf oder ein Moor wäre. (183 f.)**

Einerseits spiegelt die Erklärung des Naturereignisses Effis verworrene Lage in ihrem Verhältnis zu Innstetten, andererseits versinnbildlicht sie außerdem die **hilflose Hingegebenheit an das, was ihren Willen unterhöhlt.**[87] Die für die realen Vorgänge zunächst noch relevant erscheinende Funktion wird zum – wenn auch unumgänglichen – Beiwerk degradiert. Die Parallelen zwischen Effis Hinübergleiten zu Crampas und dem in den Landschaftsschilderungen als Hintergrund für die gemeinsamen Ausritte sich unterirdisch herausbildenden Schloon sind eklatant und werden apostrophiert mithilfe eines durch einen gescheiterten Versuch zur Überwindung des sich zu einem Sog entwickelten Schloon notwendigen **Schritt vom Wege,** denn jetzt versinkt auch Effi in einem Sog (183 ff.).

Gelingt es Effi während des Spaziergangs im Rahmen der Landpartie zum Oberförster zunächst noch, durch das Zitieren von Brentanos Gedicht **Gottesmauer,** in dem durch das Wachsen einer Mauer aus Schnee drohende Gefahr abgewendet wird (174 f.), Crampas und dem Verhängnis auszuweichen, so wird bei der Rückfahrt das Naturereignis Schloon konstitutiv für das Geschehen. Dem hochräderigen Schlitten des Nachbaradels gelingt es ohne Schwierigkeiten, den Schloon zu passieren, der Effi trotz Flehens um den Schutz der **Gottesmauer** zum Verhängnis wird; sie versinkt in Schuld gegenüber Herkommen und Sitte. Der Schloon als konkrete Entsprechung ihrer Situation zwingt sie zum **Schritt vom Wege.**

Unheimlich und außergewöhnlich ist der Schloon und die von Effi empfundene Bedrohung durch das Unheimliche in Kessin sowie der tief in ihr verborgene Hang zum Außergewöhnlichen, zum Abenteuer, lassen sie in ein Stadium geraten, in dem es ihr unmöglich wird, dem Werben Crampas' zu widerstehen. **Sie fürchtete sich und war doch zugleich in einem Zauberbann und wollte auch nicht heraus.** (187) Überdeutlich drückt sich hier das Bangen vor der heimlich gewollten Verführung aus – Angst und Lust zugleich. Richard Quabius sieht hierin die **untrennbare Verquickung von persönlicher Schuld mit dem Unterworfensein unter die Bedingungen ihrer Umwelt.**[88, 89]

Zusammenfassend können wir sagen, dass die Dünenlandschaft um den Schloon erfüllt ist mit Raumsymbolen für Effis Psychostruktur und ihr Verhältnis zu Crampas. Symbolisiert sie zunächst das Anbahnen und Wachsen von Gefahr und verkörpert sie, wie vordem geschildert, durch reale Gegebenheiten die Gefahr selbst (147 ff., 150 ff., 155 ff., 180 ff.), so dient sie schließlich gar als Kulisse für die Erfüllung des Crampas'schen Schicksals, als dieser beim Duell mit Innstetten die tödlichen Konsequenzen aus seinem Verhalten ziehen muss (279 f.).

3.5 Berlin als Wendepunkt des Schicksals

Wenn Crampas in einem Brief als Reaktion auf Effis Mitteilung von der bevorstehenden Versetzung Innstettens nach Berlin schreibt: **[…] darin hast du recht: es ist die Rettung, und wir müssen schließlich doch die Hand segnen, die diese Trennung über uns verhängt** (269), so scheint der Ortswechsel von Kessin nach Berlin für Effi die erhoffte Rettung aus der Verstrickung mit Crampas zu bringen. Die Gefahr einer Entdeckung ihrer Schuld erweist sich vorläufig als gebannt. Das Zurücklassen der Schuld und des Spukhauses erwecken trügerische Gefühle des Glücks und der Befreiung.

In der Wohnung ohne Haifisch, ohne Krokodil und **hoffentlich** auch ohne Spuk empfängt Effi Innstetten mit dem Vorsatz:

> **Nun bricht eine andere Zeit an, und ich fürchte mich nicht mehr und will auch besser sein als früher und dir mehr zu Willen leben.** (234 f.)

Von dem neuen Handlungsschauplatz Berlin liefert der Erzähler keine umfassende Beschreibung. Lediglich dem zeitgenössischen und ortskundigen Leser gelingt eine Orientierung innerhalb des durch Platz- und Straßennamen markierten Raumes. Der Erzähler setzt seine Einsicht in Bedeutungszusammenhänge voraus. Auf eine individuelle Gestaltung[90] des Handlungsraumes kann verzichtet werden, da die Nennung von Namen wie **Tiergarten** (237), **Hellms, gegenüber dem Roten Schloß, Hiller** (237) sowie **Charlottenburger Schloßgarten** und **Belvedere** (239) auf die damit verbundenen Assoziationen des eingeweihten Lesers abgestimmt ist. Peter Demetz nennt dies **die Welt der** ***richtigen Adresse.*** **Erzähler und Leser sind über das gesellschaftliche Normensystem verständigt; sie kennen die Schichtungen, Abweichungen und Nuancen; es bedarf allein der Anspielung, nicht der ausdrücklichen Beschreibung der Lokalfarbe.**[91] Eine Zusatzfunktion dieser verkürzten Beschreibung ist darin zu sehen, dass der Leser mit der stichwortartigen Fixierung des Hintergrundes ein zu der Zeit in Berlin anerkanntes gesellschaftliches Leben unter Hervorhebung bevorzugter Gesellschaftsereignisse verbindet, das in einem Hofball gipfelt, auf dem **der alte Kaiser Wilhelm [...] gnädige, huldvolle Worte an die schöne junge Frau, von der er schon gehört hatte** (257), richtet.

Gesellschaftliche Ereignisse wie diese vermögen allerdings kaum darüber hinwegzutäuschen, dass der ernsthafte Wille Innstettens, dem stillen Leben in Kessin ein gesellschaftlich bewegteres folgen zu lassen, nur teilweise in die Tat umgesetzt wird, sodass sich das eigentliche Leben wie zuvor im Hause, d. h. in der neuen Wohnung abspielt (255).

Diese dritte Wohnung nun liegt im zweiten Stock in der Keithstraße mit Blick auf einen kleinen Park, dem eigentlichen Tiergarten vorgelagert (234 ff.). Dass es sich um einen Neubau handelt, unterstreicht noch einmal mehr die Absicht eines Neubeginns in Berlin. Der wesentliche Kontrast zum landrätlichen Haus in Kessin wird hervorgehoben durch die meist offen stehende Balkontür und eine die Wohnung erfüllende Helligkeit (237). Im Gegensatz zu Kessin liegt der **Freisitz** von der Straße abgekehrt zum Park hin – auffallend ist hier die Ähnlichkeit mit Hohen-Cremmen. Dieser bewusst offen und hell gestaltete Handlungsraum erweist sich jedoch nur vorübergehend als Schauplatz für ein oberflächliches Glück, das vom Erzähler in konsequenter Weise durch flüchtige Erinnerungen oder deutliche Hinweise auf die zurückliegende Zeit getrübt wird. Effi gibt sich unbefangener und heiterer, denn sie fühlt sich freier.

Wohl blickte das Vergangene noch in ihr Leben hinein, aber es ängstigte sie nicht mehr, oder doch nur um vieles seltener und vorübergehender [...] (239)[92]

Effis Scheidung von Innstetten und ihre damit verbundene gesellschaftliche Deklassierung erfordern einen neuen Handlungsraum, um dem Bestreben des Erzählers, Raum, Handlung und Stimmung der Figuren zu einer Harmonie zusammenwachsen zu lassen, wiederum gerecht zu werden.

Ein Wohnungs- und Adressenwechsel unter Aussparung des Umzugs und einer ausführlichen Schilderung des Lebens in den ersten drei Jahren nach der Scheidung markieren die veränderte Situation. Bei dem neuen Raum handelt es sich um eine kleine, drei Treppen hoch gelegene Mietwohnung in der Königgrätzer Straße zwischen Askanischem Platz und Halle'schem Tor, bestehend aus einem Vorder- und Hinterzimmer sowie einer Küche mit Mädchengelass (299) – ohne Garten, ohne Balkon. Die hier wieder – wie in Kessin – geschlossen gehaltenen Fenster blicken im Gegensatz zum Landratshaus nicht auf das gesellschaftliche Leben auf der Straße, auch nicht – wie in Hohen-Cremmen oder in der *Tiergarten-Wohnung* – auf einen Park, sondern auf die Christuskirche (307) und auf den Matthäikirchhof (300) und auf Bahndämme mit ihren beständig darauf hin- und hergleitenden Zügen. Dient dieses Detail zunächst nur der realistischen Darstellungsweise, so erweist es sich bei sorgfältiger Betrachtung als ein gehaltvolles Symbol für Effis sich wandelnde Situation. Züge fahren – Effis Leben fährt dahin – bis zum Verzicht, zur Gleichgültigkeit gegenüber allem Leben und Treiben. Die Symbolfunktion wird verdeutlicht durch das Auftreten an mehreren exponierten Stellen des Romans. Ist es noch eine angenehme Zugfahrt, die Innstetten und Effi voller Erwartung im Hinblick auf das Eheleben nach Kessin bringt (48 f.), so wird Effi bei einer späteren Erscheinung eines vorbeijagenden Zuges von **herzlicher Sehnsucht** nach Hohen-Cremmen gepackt. Unruhe und Abenteuerlust bewegen ihr Gemüt (102 f.). Wiederum ein Zug bringt Effi von Kessin weg, dem Ort der bitteren Erfahrung, der Katastrophe, um sie fortzuführen zu einem neuen Leben in Berlin (221).

Könnte man die Verbindung zwischen Effi und vorüberfahrenden Zügen in den erwähnten Zusammenhängen noch in Anlehnung an Max Tau als **Sehnsucht, die Welt kennenzulernen**[93] interpretieren, so ergibt sich doch aus der Wiederholung des Zugmotivs in anderen Zusammenhängen im Verlauf des Romans eine neue Perspektive. Während ihres Aufenthaltes in Hohen-Cremmen unterbricht ein **Rasseln des Zuges** die Stille nach ihrer Schuldreflexion (254) als Hinweis des Erzählers, dass genau wie der Zug auch Effis Leben weitergehen wird. Die Verbindung des verschwindenden Zuges mit dem Kirchhof als Ausblick ihrer Wohnung nach der Verbannung versinnbildlicht den Rückzug, den Verzicht auf das Leben. Noch krasser verdeutlichen sich das Abseitsstehen und die Abkehr vom Leben in der Beschreibung ihres Rastplatzes bei ihren Spaziergängen mit Rollo in Hohen-Cremmen unmittelbar vor ihrem Tode. Eine Chausseewalze in der Nähe der Station

war ihr täglicher Rasteplatz, von dem aus sie das Treiben auf dem Bahndamm verfolgen konnte; Züge kamen und gingen, und mitunter sah sie zwei Rauchfahnen, die sich einen Augenblick wie deckten und dann nach links und rechts hin wieder auseinandergingen [...] (336)[94]

Somit dokumentiert die Betrachtung der fahrenden Züge aus dem geschlossenen Fenster einen Teil der Distanz und Lebensferne ihres einsamen Daseins in der Königgrätzer Straße[95], welches sein Ende findet, als Effi in das heimatliche Hohen-Cremmen zurückkehrt, um dort das Leben ihrer Kindheit in veränderter Form fortzusetzen.

Die Tatsache des Andersseins wird betont durch ein Gespräch zwischen Pastor Niemeyer und Effi, die auf dessen Bemerkung nach ihrem gewagten Schaukelakt, **Effi, du bist noch immer, wie du früher warst** (325), resignierend antwortet: **Nein. Ich wollte, es wäre so. Aber es liegt *ganz* zurück, und ich hab es nur noch einmal versuchen wollen [...] mir war, als flög ich in den Himmel** und mit einer Frage als Hinweis auf ihre Orientierung weg vom diesseitigen Leben und hin zum Jenseits endet: **Ob ich wohl hineinkomme?** (325) Mit der Rückkehr nach Hohen-Cremmen schließt sich der räumliche Kreis des Romans.

Zusammenfassend kann gesagt werden, dass die Untersuchung der Raumgestaltung eine enge Verquickung von Effis Schicksal mit unterschiedlichen Handlungsschauplätzen ergeben hat. Sie untermalen nicht nur den jeweiligen Handlungsablauf, sondern spiegeln die unterschiedlichen Stadien im Leben der Hauptfigur. Die einzelnen Räume sind einander zugeordnet und aufeinander bezogen, woraus eine Gesamtkomposition entsteht, die die Struktur des Romans wesentlich bestimmt.

Für die Entwicklungsphasen in Effis Leben hat der Erzähler entsprechende Schauplätze sorgfältig konzipiert: In dem durch Licht und Luft gekennzeichneten Hohen-Cremmen verbringt Effi eine unbeschwerte Kindheit ohne gesellschaftliche Zwänge und unabhängig von gesellschaftlicher Konvention. Das zu Hohen-Cremmen im Gegensatz stehende düstere, unheimliche und unheilschwangere Kessin wird zum Handlungsraum für Effis Ehe gewählt. Diese Ehe und damit das gesellschaftliche Normensystem verlässt Effi vor dem Hintergrund des Schloon als Charakteristikum der symbolischen Landschaft, die auf dem Höhepunkt des Geschehens um Effi und Crampas in der Naturerscheinung dieses Schloon eine konkrete Entsprechung für das Ereignis selbst schafft. Das sich anschließende neue Leben in Berlin erfordert wiederum zwei unterschiedliche Schauplätze, einerseits die offene und weite Wohnung in der Keithstraße als Dokument der Hoffnung auf einen Neubeginn nach den Schrecken der Vergangenheit in Kessin, andererseits der enge geschlossene Raum als Ort der Verbannung. Zwischen all diesen Stationen in Effis Leben stehen Aufenthalte in Hohen-Cremmen, das als innerer Bezugspunkt auch Endstation für Effis Leben wird. Von Hohen-Cremmen entfernt sich Effi – dorthin kehrt sie zurück. Darin ist die epische Integration des Raumes vollkommen gelungen: **Hohen-Cremmen ist die Mitte des Romangefüges, weil es der Mittelpunkt von Effis Schicksal ist.**[96]

Der Raum ist für den Erzähler nicht Selbstzweck, sondern vielmehr Bestandteil eines engen Beziehungsgeflechts zwischen Figuren und Handlung. Die Wiederholung von räumlichen Elementen in ihrer Symbolhaftigkeit erhöht ihre Bedeutsamkeit im Rahmen des Gesamtgeschehens, spiegelt seine Gesetzmäßigkeit und Schicksalhaftigkeit.[97] Zum Teil nur stichwortartige Verkürzungen unterstreichen die Verbundenheit von Raum und Geschehen; der Raum ist somit strikt handlungsfunktional.

4 Die Struktur der Figurengestaltung

4.1 Die Hauptfigur Effi Briest

Die Untersuchungen zur Raumgestaltung ergaben eine unauflösliche Verquickung der Faktoren Raum, Figuren und Handlung. Den Figuren wird in ihren unterschiedlichen Handlungsstadien ein jeweils andersartiger Handlungsraum zugeordnet, durch den wiederum Figur und Handlung bedingt sind, wobei die Figuren die psychischen Voraussetzungen für die Wirkung von Raum und Handlung erbringen. Die genannten Komponenten sind dabei auf die innere Thematik des Romans konzipiert; dies trifft insbesondere für die Figurengestaltung zu, was im Folgenden durch eine Untersuchung der Zuordnung der Personen zu dem zentralen Konflikt näher beleuchtet werden soll. Die Hauptfigur wird dabei im Mittelpunkt der Betrachtungen stehen.

Nachdem der Roman mit einer detaillierten Schauplatzexposition des Gutshauses Hohen-Cremmen beginnt, erfolgt innerhalb einer Fortsetzung der ausführlichen Beschreibung die Funktionsgebung für den Innenraum der Anlage zur Parkseite hin durch die Einführung der Hauptfigur Effi zusammen mit ihrer Mutter in einer jeweils für sie typischen Handlungssituation:

> **Beide […] waren fleißig bei der Arbeit […], aber während die Mutter kein Auge von der Arbeit ließ, legte die Tochter, die den Rufnamen Effi führte, von Zeit zu Zeit die Nadel nieder und erhob sich, um unter allerlei kunstgerechten Beugungen und Streckungen den ganzen Kursus der Heil- und Zimmergymnastik durchzumachen. (8)**

Im unmittelbaren Anschluss daran wird ein flüchtiges und verstohlenes Aufblicken der Mutter zur Verdeutlichung ihres positiven ästhetischen Urteils über die Tochter zugestanden, das eine Bestätigung seitens des Erzählers erfährt, der sich nunmehr einer ausführlichen äußeren Beschreibung Effis widmet, um damit gleichzeitig die äußeren Qualitäten der Mutter herauszustreichen:

> **Effi trug ein blau und weiß gestreiftes, halb kittelartiges Leinwandkleid, dem erst ein fest zusammengezogener, bronzefarbener Ledergürtel die Taille gab; der Hals war frei, und über Schulter und Nacken fiel ein breiter Matrosenkragen. In allem, was sie tat, paarte sich Übermut und Grazie, während ihre lachenden braunen Augen eine große, natürliche Klugheit und viel Lebenslust und Herzensgüte verrieten. Man nannte sie die ›Kleine‹, was sie sich nur gefallen lassen mußte, weil die schöne, schlanke Mama noch um eine Handbreit höher war. (8 f.)**

Eine Beschreibung dieser kindlichen Aufmachung findet Wiederholung am Ende des Romans; **ein blau und weiß gestreiftes Kittelkleid mit einem losen Gürtel** (322) trägt Effi während ihrer letzten Tage in Hohen-Cremmen, wohin sie nach ihrer Verbannung von ihren Eltern nach langem Zögern zurückgerufen wird. Durch die abermalige Erwähnung dieser Oberbekleidung verleiht der Erzähler ihr eine symbolhafte Bedeutung; das weite, lockere Kittelkleid entspricht Effis Lebensweise in Hohen-Cremmen: ungezwungen und unbelastet, frei von gesellschaftlichen Verpflichtungen und Rücksichten[98], und es dient gleichzeitig als Symbol dafür, dass Effi erst nach dem Scheitern ihrer Ehe zu ihrem **wahren Selbst**[99] nach Hohen-Cremmen zurückkehrt. Es ist allerdings nicht die Rückkehr eines Kindes in das Elternhaus, sondern einer gebrochenen Frau auf der Suche nach Ruhe und Geborgenheit. Hohen-Cremmen vermag ihr nur noch den Tod, nicht mehr ein Kindheitsglück zu bringen.

In Effis Handlungen sieht der Erzähler **Übermut und Grazie,** ihre Augen offenbaren ihm Klugheit, Lebenslust und Herzensgüte – eine Ausweitung und Vertiefung des Charakterbildes erfolgt daraufhin nicht mehr durch den Erzähler.

Wesentliche Grundzüge in Effis Wesen eröffnen sich dem Leser durch die sich anschließenden Dialoge und Effis Verhalten und Äußerungen in den Begegnungen mit den Freundinnen. Bereits die erste Bemerkung der Mutter als Kommentar zu Effis turnerischen Übungen gibt einen ausdrücklichen Hinweis auf einen hervorstechenden und folgenschweren Charakterzug Effis: **Effi, eigentlich hättest du doch wohl Kunstreiterin werden müssen. Immer am Trapez, immer Tochter der Luft.** (9) Das Motiv des Fluges, das seine konkrete Entsprechung in der zwischen Teich und Rondell gelegenen Schaukel findet, dokumentiert Effis Sehnsucht nach **schwerelosem Glück**[100]. Die aus der Perspektive der Mutter abgegebene Äußerung stellt den erweiterten Bezug zu Effis Neigung zum Klettern und Schaukeln her; der Kontrast zwischen dem realen Verhalten der Tochter und der gesellschaftlichen Konvention des Adels liegt auf der Hand. Effis Liebe zum Gefährlichen stellt die Gefahr selbst dar, dem Hang zum Fliegen entspricht der Hang über die gesellschaftliche Realität dahinzufliegen. Wie aber die Lust an der Gefahr des Schaukelns den Sturz mit einschließt, wenn Effi die drei Freundinnen, die durch ihr Auftreten das Gespräch mit der Mutter unterbrechen, auffordert: [...] **kommt, wir wollen uns schaukeln, auf jeder Seite zwei; reißen wird es ja wohl nicht** [...] (17), so schließt auch ihre Tendenz, sich vom Boden der gesellschaftlichen Realität zu lösen, den gesellschaftlichen Sturz mit ein. Somit wird das Schaukelmotiv bereits im zweiten Kapitel zu einer Vorausdeutung auf Effis Abenteuer mit Crampas – mit ihm verlässt sie die normative Ordnung ihrer Gesellschaftsschicht und erfährt dadurch den Sturz aus ebendiesem Normensystem mit allen Konsequenzen.

Der Gegensatz zwischen dem gesellschaftlichen Anspruch an eine junge Dame ihres Standes und dem Verhalten Effis wird eklatant beim Spiel mit den Freundinnen: Anschlag oder Midshipman spielen und Schaukeln sind bevorzugte Betätigungen Effis. Durch die Beschreibung ihrer Lieblingsspiele (16 ff.) wird die zuvor gegebene Charakterisierung Effis durch Beispiele erläutert, das Persönlichkeitsbild weiter abgerundet: ein übermütiges, teilweise unberechenbares junges Mädchen voll Sehnsucht nach dem **schwerelosen Glück.** Sie ist dem Elementaren verhaftet,[101] das ihre Welt besser zu repräsentieren scheint als die Gesellschaft. In ihr wohnt ein Hang zum Aparten und zur Zerstreuung sowie eine Lust an der Gefahr.

Die so dargestellte Effi wird nunmehr aus dem kindlich ausgelassenen Spiel mit den Freundinnen herausgerissen und noch im Kittel zur Braut des Baron Innstetten, eines Jugendfreundes ihrer Mutter, die aus gesellschaftlichen Gründen eine Werbung Innstettens ausschlagen musste zugunsten ihres jetzigen Mannes, **der schon Ritterschaftsrat war und Hohen-Cremmen hatte,** (13 f.) und **wenns die Mutter nicht sein konnte, muß es die Tochter sein;** (22) denn im Laufe von zwanzig Jahren ist es Innstetten gelungen, die gesellschaftlich notwendigen Voraussetzungen für eine adlige Eheschließung zu schaffen; damit wird Effi zum Revenant der Jugendliebe Innstettens zu ihrer Mutter und Innstetten ist als sein eigener Revenant gegenwärtig. Nichts ist ursprünglich; die für möglich gehaltene Wiederholung gerät zur **zweiten Auflage,** das Kraftfeld ehemaliger Leidenschaft degradiert sich selbst zur Leblosigkeit.[102] Effis Lebenslauf wird mit dem Tage ihrer Verlobung ein gesellschaftliches Paradigma. Ihre Eingebundenheit in gesellschaftliche Ordnungen und deren Mechanismen dokumentiert sich weniger aus ihrer – vom Erzähler ausgesparten und von der Mutter auch nicht in Zweifel gezogenen (19 f.) – Zustimmung zu dieser Verbindung,[103] sondern vielmehr in der Beantwortung von Herthas Frage, ob Innstetten denn auch der Richtige sei: **Gewiß ist er der Richtige […] Jeder ist der Richtige. Natürlich muß er von Adel sein und eine Stellung haben und gut aussehen.** (22) Die kind- 16
liche Effi leistet damit gutgläubig dem Gebot ihres Standes Folge, unreflektiert[104] übernimmt sie dessen Vorstellungen, nur ansatzweise verrät die vielleicht unüberlegte Äußerung **Ich bin […] für Zärtlichkeit und Liebe […] Liebe kommt zuerst […]** (36) den Anspruch ihrer eigentlichen Wesenhaftigkeit, in einem Nachsatz wird dieser allerdings relati-

viert und durch den Wertekatalog ihres Standes ersetzt, indem sie sich zu Reichtum und einem vornehmen Haus bekennt, denn gleich nach der Liebe komme Glanz und Ehre (36). Ohne Kommentar des Erzählers tritt hier die innere Thematik des Romans zutage: der Widerspruch zwischen Herz und normativer Ordnung eines Standes, der noch nicht auflösbare Gegensatz von **Gesellschaft und Menschlichkeit.**[105]

Der dargestellte Konflikt, der sich – oberflächlich betrachtet – aus der Unvereinbarkeit der Charaktere ergibt, erhält einen erweiterten Bezug. Nicht allein das Einzelschicksal der Effi Briest findet in diesem Roman seinen Niederschlag, sondern gesellschaftliche Zustände erfahren ihre exemplarische Verdeutlichung in diesem epischen Werk.

Die innere Thematik des Romans als Konflikt zwischen Natur und Ordnung ist in der Hauptfigur immanent; der Widerspruch findet seinen Niederschlag in zahlreichen Dialogen zwischen Effi und den sie umgebenden Personen, in denen sie ihre eigenen Äußerungen relativiert oder gar zurücknimmt. Scheinen ihr einerseits Klettern und Schaukeln lieber zu sein als Äußerlichkeiten, so betont sie andererseits die Wichtigkeit gesellschaftlichen Ansehens. Lässt sie der Mutter gegenüber ihre Kritik an dem von Innstetten in seinem Brief gehaltenen Maß anklingen, so lehnt sie im gleichen Gespräch größere Zärtlichkeit als Überschwenglichkeit ab (37 ff.). Das Schwankende ihrer Ziele tritt ebenfalls offen zutage in der erwähnten Reihenfolge ihrer Wünsche für die Ehe. Bestätigt sie die mütterlichen Erwartungen von einer Musterehe mit Innstetten, gibt sie im Folgesatz zu bedenken, dass sie eine Musterehe nicht anstrebe (36). Selbst die Mitteilungen von ihrer Hochzeitsreise zeugen kaum von einer eindeutigen Einstellung zu den an sie gestellten Anforderungen ihres Ehemannes (46 ff.). Das Herausstreichen der Unbestimmtheit in Effis Charakter wird ebenfalls durch einen Erzählerbericht von den Ausstattungseinkäufen in Berlin unterstützt. Trotz der beigegebenen Erklärungen bleibt die Unvereinbarkeit von **Effi ist anspruchslos** [...] (26) zu **Nur das Eleganteste gefiel ihr** [...] (26) im Raum.

Als ein Beispiel für die Widersprüchlichkeit in Effis Charakter führt Richard Quabius Effis Vorliebe für das Sitzen am offenen Fenster auf. Das Genießen von Licht und Luft erinnert an das Schaukelmotiv, in dem sich allerdings ihr Drang nach Freiheit und Unbeschwertheit, ihr Hang zu Abenteuern und die Lust an der Gefahr dokumentieren, wohingegen die stille Betrachtung der Außenwelt eine distanzierte Haltung zum Leben ausdrückt, und im Verlauf des Romans wird Effi gar mehr und mehr zum Sinnbild für Einsamkeit und Ausgeschlossenheit und am Ende gar für das Ausgestoßensein.[106]

Innstetten fasst Effis kontradiktorische Selbstdarstellung in einer bezeichnenden Charakterisierung zusammen: [...] **das denkst du dir nun auch wieder so aus. Immer Phantasie, mal so, mal so** (100), nachdem sie im Verlauf eines Gesprächs über die Tochter des Pastors Trippel, die Trippelli, ihre Neigung zur Abwechslung des Aparten zum Ausdruck bringt und im gleichen Atemzuge ihre Sehnsucht nach Ruhe und Frieden betont (99 f.).

Jürgen Rothenberg spricht trotz der aufgezeigten Gegensätze von einer harmonischen Einheit in der Gestaltung von Effis Charakter; in ihm sieht er Naturkind und Gesellschaftsmensch ohne Widerstreit miteinander verbunden. Die Anlage solcher Psychogramme erhebt er über den Rahmen der Einzelperson und überträgt sie auf Zweierkonstellationen, was er am Beispiel eines harmonischen Miteinander von Roswitha und Johanna in all ihrer Grundverschiedenheit eindrucksvoll belegen kann. Den Beweis einer möglichen Harmonie zwischen Innstetten als eines Repräsentanten des Gesetzes und der Sitte und Effi als einer persönlich Fühlenden bleibt er allerdings schuldig.[107]

Der Kontrast zwischen *Gesellschaft und Menschlichkeit,* dargestellt an der Charakterisierung der Hauptfigur, wiederholt sich in der Darstellung der übrigen Figuren. Die äußere Beschreibung der Personen ist von sekundärer Bedeutung, wesentlich ist dem Erzähler das Durchspielen der verschiedenen Erscheinungsformen der beiden Lebenshaltungen, die zur Grundlage des Konflikts in der Ehe Innstettens werden.

Den Gegenpol zu der ihr Wesen bestimmenden Wärme findet Effi in Innstetten, einem nüchternen **Mann von Charakter, [...] von Prinzipien,** mit dem man **Staat machen kann** (39). Wenn Effi sich derartig über ihren zukünftigen Ehemann äußert, so legt sie gesellschaftliche Wertmaßstäbe an, deren Konsequenzen sich in Kessin folgenschwer zeigen werden, u. a. in Zusammenhang mit ihrer empfindlichen Reaktion auf Innstettens Bericht von der ehemaligen Existenz eines Chinesen in Kessin:

> **[...] ich möchte wohl mehr davon wissen. Aber doch lieber nicht, ich habe dann immer gleich Visionen und Träume und möchte doch nicht, wenn ich diese Nacht hoffentlich gut schlafe, gleich einen Chinesen an mein Bett treten sehen.** (52)

Innstettens Reaktion darauf: **Das wird er auch nicht,** (52) lässt ein solches Geschehen nicht unmöglich erscheinen und löst Befremden bei Effi aus. Hier deutet sich gleichfalls die Tendenz Innstettens an, Effis Ängste erzieherisch auszunutzen. Entscheidende Komponenten des Motivs des Chinesen sind somit bereits in das erste Gespräch zwischen Effi und Innstetten in Kessin hineingelegt. Dieses Motiv gewinnt im

Verlauf des Romans für Effi unterschiedliche symbolische Bedeutung.[108] Es spiegelt in der Anfangszeit in Kessin zunächst die Fremdartigkeit und das Unheimliche der Umgebung und Effis Isolation in ihrer Ehe mit Innstetten wider. Diese Empfindungen konkretisieren sich in dem Spukerlebnis, dem Innstetten mit Unverständnis begegnet, indem er gleichzeitig die Möglichkeit erkennt, seine Frau mit Hilfe dieses Spuks **in Ordnung zu halten** (155). Aus gesellschaftlichen Gründen sieht sich der Landrat genötigt, der Angst erzieherisch zu begegnen:[109]

> **[...] und dann, Effi, kann ich hier nicht gut fort, auch wenn es möglich wäre, das Haus zu verkaufen oder einen Tausch zu machen [...] Ich kann hier in der Stadt nicht sagen lassen, Landrat Innstetten verkauft sein Haus, weil seine Frau den aufgeklebten kleinen Chinesen als Spuk an ihrem Bett gesehen hat. Dann bin ich verloren, Effi. Von solcher Lächerlichkeit kann man sich nie wieder erholen [...] (91 f.)**

Aber gesellschaftliche Argumente, verbunden mit einem Appell an ihren Adelsstolz, helfen Effi nicht, die menschliche Angst zu bewältigen. **Im Lichte der Gesellschaft verkehrt sich das Menschlich-Natürliche in Lächerlichkeit und Komik.**[110] Indem aus Innstettens Perspektive der Spuk als Instanz betrachtet wird, um Effi in Ordnung zu halten, verbindet er die Spukerscheinung mit ihrem Gewissen, womit sich die letzte Funktion des Symbols ankündigt; entsprechend ihrer wachsenden Verstrickung steht der Chinesenspuk schließlich symbolhaft für ihre Schuld, die nach der Landpartie mit Crampas unausweichlich geworden ist. In ihren Reflexionen über dieses Geschehen verbindet sie den Spuk mit ihrer Schuld, ihrem Gewissen. Das Gefühl, dass ihr der Chinese über die Schulter geschaut hat, revidiert sie in einem inneren Monolog: **Ich weiß schon, was es ist; es war nicht *der* [...] Es war was anderes [...] mein Gewissen [...] Effi, du bist verloren. (196)** Das schlechte Gewissen ist die tragische Konsequenz aus dem Geschehen, das um Effi abläuft. Der von Innstetten erzieherisch eingesetzte Spuk wird zu einem Instrument der Beschleunigung bei der Entfremdung zwischen den Eheleuten. Je stärker sich Effi von Innstetten und seinen Maximen entfernt, umso mehr verfällt sie der Verstrickung mit Crampas.

Bei dem unkonventionellen Crampas, dem Gegenpol zu dem prinzipientreuen Innstetten, findet Effi Verständnis für ihre Ängste und Crampas ist es auch, der Innstettens Manipulation mit dem Chinesen als erzieherische Maßnahme entlarvt.

Die zunächst für Effi unverbindlichen Treffen mit dem Crampas'schen Ehepaar erfahren eine Wende, als im zweiten Abschnitt des fünfzehnten Kapitels eine Begegnung mit Crampas stattfindet, nachdem im Abschnitt davor das Schaukelmotiv wiederum aufgetaucht ist.

Am liebsten aber hätte sie wie früher auf dem durch die Luft fliegenden Schaukelbrett gestanden und in dem Gefühl: ›jetzt stürz ich‹ etwas eigentümlich Prickelndes, einen Schauer süßer Gefahr empfunden. (136 f.)

Die Gefahr tritt der sich im Schaukelstuhl wiegenden Effi in der Gestalt des Majors Crampas entgegen (142 ff.) und sie erreicht ihren Höhepunkt während der Überquerung des Schloon auf dem Rückweg von der Oberförsterei.[111] Zu diesem Zeitpunkt – vorbereitet durch das Einsetzen symbolischer Motive – eröffnet sich dem über die psychologische und gesellschaftliche Begründung hinausgehenden Geschehen eine weitere Perspektive: Durch das Einbeziehen **so befremdlicher Dinge wie Naturkultus, Naturmagie und das unmittelbare Wirken der Elemente**[112] vor dem Hintergrund des realistischen Geschehens wird das eigentlich Schicksalhafte des Geschehens offenbar.

Das sich bereits in der ersten Charakterisierung Effis aus dem Blickwinkel der Mutter andeutende Flugmotiv[113] gehört nach einer Untersuchung von Peter Demetz[114] zu einer Reihe von Symbolen, die nicht als starres Motiv mit genau definiertem Bedeutungsgehalt versehen sind, sondern in Nuancen und Variationen auftreten, **die auf einen verborgenen Symbolkern hinweisen**[115]. Ein möglicher Symbolkern des Flugmotivs kann nun in der Verbindung der Figur zum Elementaren gesehen werden. Das Geschehen um Effi gewinnt eine Erweiterung und die Diskrepanz in ihrem Charakter, zuvor als Unbestimmtheit und Labilität gekennzeichnet, wird damit aufgelöst, dass Effi durch den symbolischen Kern des Flugmotivs notwendig dem Elementaren verhaftet ist. Ihre Affinität zur Luft als ihrem Element bringen ihre Versuche, sich in die Gesellschaft und ihre Konvention durch eine Verbindung mit einem ihrer ausgeprägtesten Repräsentanten zu integrieren, zum Scheitern. Dieser Bezug zum Elementaren lässt auch den **Schritt vom Wege** in einen neuen Zusammenhang treten. Vorbereitet durch den Naturvorgang des Schloon steigert sich Effis Angst vor dem Geschehen in dem Augenblick, als der dichte Wald Luft und Licht verdrängt hat und **die dunklen Kronen** (186) sich über ihr wölben.[116] Effi befindet sich damit in einer ihrer Natur nicht gemäßen Situation, die ihr folgerichtig zum Verhängnis wird.

Poetisch gerechtfertigt erscheint unter diesem Aspekt auch Effis Tod, der durch die aufsteigende Nachtluft während der nächtlichen Aufenthalte am offenen Fenster (337) beschleunigt wird. Nicht ein bloßer Witterungseinfluss, sondern ihr ureigenstes Element verursachen den Tod als endgültige Befreiung und Erlösung. Effi beschließt ihr Leben bewusst **mit Gott und Menschen versöhnt, auch versöhnt mit *ihm*** (339); noch einmal setzt sie sich ans offene Fenster, noch einmal saugt sie die kühle Nachtluft ein. **Ein Gefühl der Befreiung überkam sie. ›Ruhe,**

Ruhe‹. (340) Der Tod kommt im Herbst, **the season of that pain, the time for Effi's marriage and the time for her death.**[117] Zurück bleibt **kein Schmerz über ein einzelnes Schicksal. Das Einmalige wird am Ende durch und durch symbolisch, wie Effi sich gleichsam in der Landschaft auflöst. Jenseits von bloßer Schuld und Verschuldung klagt ein Schmerz um das Ganze der Welt, um den Weltzusammenhang.**[118]

Die Kategorie einer individuellen Schuld ist für diesen Roman kaum anwendbar, vielmehr handelt es sich um eine im gesellschaftskritischen Sinne auf die Gesellschaft zurückfallende tragische Schuld, die durch Effis Schuldbewusstsein in der fortschreitenden Phase der Resignation eine neue Dimension erhält. Mit einem zwar vorhandenen Bewusstsein von Verzicht, aber mit Selbstverständlichkeit begibt sie sich in die Ehe mit Innstetten, unterwirft sich seinen Ansprüchen. Das Bemühen um die Bewältigung des Problems steht im Vordergrund – auch als sie nach dem Ortswechsel in Berlin ein neues Leben beginnen möchte. Illusionslos spricht sie Crampas von aller Schuld frei und widerspruchslos fügt sie sich der Konsequenz aus der Entdeckung des Ehebruchs. Selbst die kurze Phase der Auflehnung gegen die empörende Abrichtung ihrer Tochter durch Innstetten hebt sich auf durch die Zurücknahme der Anklage gegen Innstetten unmittelbar vor dem Tode. Weder eine jenseitige Verklärung noch eine gänzliche Unterwerfung unter gesellschaftlich geforderte Anschauungen[119] kennzeichnen die Problematik in ihrem vollen Umfang, sondern hier geht es vielmehr **um den Wert einer Menschlichkeit, die nach allen Kränkungen und allem Leid sich schuldig zu sprechen und dem anderen zu verzeihen vermag, die alles Selbstische so weit zurückgelassen hat, daß sie nicht zufällig dem körperlichen Verfall vorübergehend nahezu blind gegenübersteht.**[120]

Die Einsicht in Effis nie getrübtes Wissen um ihre Schuld[121] gibt dem Geistlichen Niemeyer die Zuversicht ihr ein Seelenschicksal im Himmel versprechen zu können (325).[122] Der Grabstein trägt die Inschrift **Effi Briest**, die Deutung des Erzählers: **Ich möchte auf meinem Stein meinen alten Namen wieder haben; ich habe dem anderen keine Ehre gemacht** (340 f.). Dies mag einleuchten, verweist aber gleichzeitig auf eine Bedeutungslosigkeit ihrer Verbindung mit dem Namen Innstetten und damit auf die nicht vorhandene Existenz einer Schuld. Effi lebt und stirbt als **junges Lämmchen, weiß wie Schnee** (236).

4.2 Die übrigen Romanfiguren in ihrer Zuordnung zu dem dargestellten Konflikt

4.2.1 Baron von Innstetten

Der Effi – schon durch den Titel des Romans zur Hauptfigur erklärt – zugrunde richtende Konflikt entfaltet sich auf dem Hintergrund ihrer tragischen Konstellation zu dem als Kontrastfigur konzipierten Baron von Innstetten. Sind in Effi selbst noch Widersprüche zwischen irrationalen Momenten eines schicksalhaften Lebensablaufes und gesellschaftlicher Bestimmung angelegt, wobei schicksalhaftes Selbstverständnis als Widerspruch zu gesellschaftlicher Bedingtheit dominiert, verkörpert Innstetten ein die Konvention festigendes Element des Ganzen, das man Gesellschaft nennt.

Bevor Innstetten als Romanfigur in Erscheinung tritt, erfolgt seine Charakterisierung aus Effis Perspektive im Gespräch mit den Freundinnen. Sein Aussehen findet kaum einen Niederschlag in ihren Betrachtungen, sodass es dem Erzähler überlassen bleibt, ihn als **schlank, brünett und von militärischer Haltung** (20) zu kennzeichnen. Bereits die Nennung seines Namens[123] und seines Adelsstandes und die Reaktion der Freundinnen darauf: [...] **Und Geert? So heißt hier doch kein Mensch** (12) liefern ein Indiz für Innstettens Rolle innerhalb des Geschehens. Die Fremdartigkeit wird noch einmal betont, als der Ortsname Kessin wiederum Überraschung auslöst: **Was ist Kessin? Ich kenne hier kein Kessin.** (14) Die indirekte Nennung des Alters von Innstetten[124] legt bereits im ersten Kapitel eine zweite Komponente der Funktion Innstettens offen; da er beinahe Effis Mutter geheiratet hätte, mag es Effi nicht unwahrscheinlich anmuten, ihn in einer Vaterrolle zu akzeptieren, nicht zuletzt aufgrund einer fehlenden erotischen Verbundenheit. Ohne Zögern übernimmt Innstetten im Verlauf des Romans die Rolle eines gestrengen, erziehenden Vaters, dem nichts von der Güte des alten Briest anhaftet.[125]

Walter Müller-Seidel[126] macht deutlich, dass Effis Jugendlichkeit in diesem Roman nicht allein eine Frage des Alters an Jahren bedeutet; so vertritt der Landrat als der Ältere an Jahren auch eine andere Gesellschaftsordnung, die er schließlich selbst für überholt hält, sich ihr aber trotzdem bis zum bitteren Ende verpflichtet fühlt, denn sogar in jungen Jahren war seine Unterwerfung unter dieses System bedingungslos, was durch die Erzählungen von Crampas zum Ausdruck gebracht wird (150).

Neben Fremdartigkeit und dem seinem physischen und psychischen Alter entsprechenden Rollenverständnis findet der dritte Aspekt seines Seins Erwähnung durch Effi: [...] **und es heißt, Bismarck halte große**

Stücke von ihm und auch der Kaiser, und so kam es denn, daß er Landrat [...] im Kessiner Kreise (14) wurde. Die darin zutage tretende Hochachtung verleiht Innstetten eine neue Qualität, seine Stellung gewährleistet die Sicherung der gesellschaftlichen Integration für Effi. Dieser Aspekt des Ehemannes wird wiederholt durch Charakterisierungen anderer Personen, die in ihren Formulierungen nahezu gleich lauten: [...] **ein Mann von Charakter, von Stellung und guter Sitte** (20), so erfährt es Effi aus dem Munde der Mutter. In bewundernden Äußerungen ergießt sich der alte Niemeyer: **Das ist ein Mann von Charakter, ein Mann von Prinzipien.** (39) Und gar noch pointiert wird die Darstellung durch Effis eigene Aussage, wenn sie einen Vergleich zwischen Innstetten als einem **Mann von Grundsätzen** und sich selbst aufstellt und dabei ihren eigenen Mangel an solcherlei Qualitäten feststellt.

Aber auch hier schon paart sich die Hochachtung mit Angst vor derartiger Charakterfestigkeit (39). Insbesondere die Gefühle der Qual erfahren bereits unmittelbar nach ihrem Eintreffen in Kessin ihre Berechtigung; denn es erwächst nunmehr aus dem von ihr selbst festgestellten Gegensatz die volle Problematik des Romans, in dessen drei zentralen Erzählphasen Innstetten als ein Mann der Pflicht, der Ehre und voller Prinzipien dargestellt wird. Hoch geschätzt von seinem Fürsten Bismarck und in Erwartung einer ihm prophezeiten großen Karriere, auf die er, sich orientierend an den Spielregeln der Gesellschaft, zielstrebig hinarbeitet.

Und da Effi gerade diese Spielregeln nicht kennt, fürchtet sie – trotz ihrer Unterscheidungsfähigkeit zwischen Schicklichem und Unschicklichem und ihres Bemühens um Wohlverhalten als weibliche Repräsentantin des landrätlichen Hauses – gegen diese zu verstoßen, und schon im Verlauf einer ersten Auseinandersetzung mit ihrem Ehemann in Kessin wird deutlich, dass sie diesem Kampf nicht wird standhalten können; denn Innstetten kann nicht ertragen, was auch nur im Entferntesten seiner Ehre Abbruch tun könnte. Hierzu gehört auch die Lächerlichkeit, der er sich preisgegeben fühlen würde, wenn er der Furcht seiner Frau durch einen Auszug aus dem **Spukhaus** nachgäbe (91 f.). Hier wird gesellschaftliche Ehre vor menschliches Verstehen gestellt, persönliche Empfindungen der Rücksicht auf die Gesellschaft gar geopfert.

Effis Äußerung über den Kessiner Apotheker Gieshübler: [...] **der einzige richtige Mensch hier** (78) lässt sie als Wissende um den wahren Charakter Innstettens erscheinen, der diese Bewertung als positiv für sich selbst empfindet und darin auch noch von Effi bestätigt wird. Dass auch er als Person in das **hier** mit einbezogen ist, erschließt sich erst im weiteren Verlauf, wenn Effi sich wünscht, dass ihr Umgang aus mehr

Menschen wie Gieshübler, der das Herz vor die Form stelle, bestanden hätte; denn dem Gebot des Herzens folgt Innstetten in keiner Weise.[127]

Mag sein Verhalten den Spukängsten Effis gegenüber zunächst noch aus Effis subjektiver Betrachtungsweise als grausamer Charakterzug gedeutet werden, so legt sich diese Härte durch eine weit distanziertere Einstellung der Ministerin, an die Effi appelliert um ein Wiedersehen mit ihrer Tochter Annie herbeizuführen, offen dar, indem jene Instetten als einen Mann bezeichnet,

der nicht nach Stimmungen und Laune, sondern nach Grundsätzen handelt und diese fallen zu lassen oder auch nur momentan aufzugeben, wird ihm hart ankommen. Läg' es nicht so, so wäre seine Handlungs- und Erziehungsweise längst eine andere gewesen. Das, was hart für Ihr Herz ist, hält er für richtig. (313)

Die hier umschriebene Härte findet ihre konkrete Darstellung in der Begegnung Effis mit Annie, die der Vater in dreijährigem Fernhalten von der Mutter zu einer bloßen Marionette abgerichtet hat (314ff.). Karl Richter sieht in der Härte und Grausamkeit Innstettens mehr als nur einen Charakterzug, er versteht sie vielmehr als Ausdruck von **Gehorsam gegen die Gesellschaft** und als Konsequenz seiner Gesellschaftsgebundenheit.[128] Dies zeigt sich nach dem verhängnisvollen Fund der **ominösen Briefe,** in denen das Eigentliche in Effis Verhältnis zu Crampas zutage tritt, das, wie die Mutter sagt, beim Herzausschütten doch zurückbleibt (248).

Das Auffinden der Briefe in Effis Nähtisch in der Berliner Wohnung – sechs Jahre nach dem Geschehen – hat zu zahlreichen Stellungnahmen in der Fachliteratur geführt.[129] Theodor Fontane sah diese zum Teil Befremden ausdrückenden Reaktionen voraus, indem er die Gräfin Zwicker fragen lässt: **Wozu gibt es Öfen und Kamine?** (298) Des Weiteren äußert er sich noch in einem Brief zur Trivialität dieses Ereignisses:

Unwahrscheinlich ist es gar nicht. Desgleichen kommt immerzu vor. Die Menschen können sich nicht trennen von dem, woran ihre Schuld haftet. Unwahrscheinlich ist es nicht, aber es ist leider trivial.[130]

Ingrid Mittenzwei hält die Kritik des Autors an sich selbst nicht für die zuständige Instanz, sondern sie empfindet diese Briefe als ein **Medium, menschliche Beziehungen im Dialog zu thematisieren**[131]. Und damit sind nun die Voraussetzungen für das Gespräch mit Wüllersdorf geschaffen, in dem Innstetten die theoretischen Grundlagen für seine Kapitulation vor der Gesellschaft entwickelt und das Conrad Wandrey für **die größte Sprechszene des deutschen Romans**[132] hält. Es kommt nicht – wie vielleicht noch zu erwarten wäre – zu einer privaten Aussprache zwischen Innstetten und Effi, sondern zu einem öffentlichen

Dialog mit Wüllersdorf. Ohne dem Privaten eine Chance zu gewähren wird gesellschaftliche Ordnung als Maß aller Dinge zum Richter über private Konflikte berufen – trotz einer zugegebenen Ahnung vom Ablauf der Dinge, wie sie die Pflicht als Ehemann verlangt hätte: **Ich mußte die Briefe verbrennen, und die Welt durfte nie davon erfahren.** (281)

Aber die Welt erfährt davon, denn Innstetten schreibt einen Zettel an Wüllersdorf und gibt damit das Spiel aus der Hand. Vorwürfe, sich nicht beherrscht, nicht in Ordnung gehalten zu haben, formuliert er, löscht sie allerdings gleichzeitig mit der Entschuldigung einer zu plötzlichen und harten Konfrontation mit der Tatsache des Ehebruchs aus (273). In dem Gespräch mit Wüllersdorf kommt zum Ausdruck, dass Innstetten nicht von unmittelbaren, konkreten Interessen geleitet wird, sondern von einer formalen Ethik, die andere Menschen vernichtet und am Ende gar zur bewussten Selbstzerstörung führt.[133]

Die zeitliche Verzögerung zwischen der Tat und ihrer Entdeckung[134], zwischen Schuld und Sühne, erfüllt einen besonderen Zweck; denn die Frage der Verjährung wird zum Angelpunkt des Gesprächs; nicht eine emotionale Aufwallung führt zu dem Duell mit Crampas, sondern formale gesellschaftliche Überlegungen sind der Beweggrund des Handelns, lässt doch der Erzähler Innstetten auf Wüllerdorfs Frage: [...] **müssen Sie's durchaus tun? Fühlen Sie sich so verletzt, beleidigt, empört, daß einer weg muß, er oder Sie? Steht es so?** (271) ausdrücklich antworten: [...] **ich bin ohne jedes Gefühl von Haß oder gar von Durst auf Rache.** (271) Die seit dem Ehebruch verstrichenen Jahre lassen ihn sich gar **zum Verzeihen geneigt fühlen** (272). Aber das Innstetten **tyrannisierende Gesellschafts-Etwas** erkennt Liebe und Verjährung nicht an, es fordert seinen Tribut und findet in ihm ein Mitglied, das bereit ist ihn zu zahlen, denn

> **[...] Man ist nicht bloß ein einzelner Mensch, man gehört einem Ganzen an, und auf das Ganze haben wir beständig Rücksicht zu nehmen, wir sind durchaus abhängig von ihm. Ging es, in Einsamkeit zu leben, so könnt ich es gehen lassen; ich trüge dann die mir aufgepackte Last, das rechte Glück wäre hin, aber es müssen so viele leben auch ohne dies ›rechte Glück‹, und ich würde es auch müssen und – auch können. Man braucht nicht glücklich zu sein, am allerwenigsten hat man einen Anspruch darauf, und den, der einem das Glück genommen hat, den braucht man nicht notwendig aus der Welt zu schaffen. Man kann ihn, wenn man weltabgewandt weiterexistieren will, auch laufen lassen. Aber im Zusammenleben mit den Menschen hat sich ein Etwas ausgebildet, das nun mal da ist und nach dessen Paragraphen wir uns gewöhnt haben, alles zu beurteilen, die andern und uns selbst. Und dagegen zu verstoßen geht nicht; die Gesellschaft verachtet uns, und zuletzt tun wir es selbst und können es nicht aushalten und jagen uns die Kugel durch den Kopf [...] Also noch ein-**

mal, nichts von Haß oder dergleichen, und um eines Glückes willen, das mir genommen wurde, mag ich nicht Blut an den Händen haben; aber jenes, wenn Sie wollen, uns tyrannisierende Gesellschafts-Etwas, das fragt nicht nach Liebe und nicht nach Verjährung. Ich habe keine Wahl. Ich muß. (272 f.)

Einwände Wüllersdorfs gegen das Vorhaben bringen Innstetten nicht davon ab und enden schließlich in der Bestätigung:

[...] **Sie** ***haben*** **recht** [...] **die Dinge verlaufen nicht, wie** ***wir*** **wollen, sondern wie die** ***andern*** **wollen** [...] **unser Ehrenkultus ist ein Götzendienst, aber wir müssen uns ihm unterwerfen, solange der Götze gilt.** (274)

Wüllersdorf und Innstetten als Vertreter der gesellschaftlichen Ordnungen erteilen der Fähigkeit und auch der Willigkeit des Menschen eine Absage, sich über die in Auflösung befindlichen Ordnungen, die einen lebensbedrohenden Charakter angenommen haben, hinwegzusetzen oder sie zu relativieren.

Innstetten folgt nicht seinem Vorbild Bismarck, der bei einem Duell aus Einsicht in den Wahnsinn seines Tuns in die Luft schoss,[135] er schießt gezielt und trifft den Gegner tödlich. Auch wenn er bei einer Rekapitulation des Duells zu der Erkenntnis gelangt, dass **alles einer Vorstellung, einem Begriff zuliebe** (281) geschah, ist dies nicht als eine neu gewonnene Einsicht in die tieferen Belange des Lebens und in die Fragwürdigkeit eines überholten Ehrbegriffs zu werten. Er ist eine in sich statische Figur, der eine Revision der eigenen Philosophie selbst nach einer Katastrophe unmöglich wird. Der mit Standesvorurteilen behaftete Innstetten leistet weiter Götzendienst, indem er – selbst nach dem Durchschauen der Fragwürdigkeit des Ganzen – den Prinzipien seiner starren Ethik treu bleibt, macht sogar nicht Halt, wenn es um die Belange der Tochter geht, die er systematisch der Mutter entfremdet. Ihm selbst bleibt lediglich die Flucht vor der Gesellschaft in die Resignation – in der schmerzhaften Gewissheit [...] ***daß*** **es ein Glück gebe, daß er es gehabt, aber daß er es nicht mehr habe und nicht mehr haben könne.** (330) Da ihn solcherlei Gefühle unmittelbar nach seiner Beförderung zum Ministerialdirektor heimsuchen, hat *Glück* für ihn eine andere Qualität erhalten. Glück widerfuhr ihm auf seinem Weg mit Effi, Glück findet er nicht mehr in der gesellschaftlichen Anerkennung. Als Alternative bleiben die von Wüllersdorf genannten **Hilfskonstruktionen** (334), die das **Leben stützen, daß es nicht ins Sinnlose zusammenbricht, indem man zum Gegenstand des Interesses und der Freude erhebt, was seinem Wesen nach wenig oder nichts bedeutet und sich nur zufällig am Weg findet.**[136]

Trotz der im Gespräch mit Wüllersdorf geäußerten Selbstvorwürfe setzt Innstetten sich nicht mit einer wie auch immer gearteten eigenen

Schuld auseinander. Freigesprochen von jedweder Schuld wird er – trotz des Erzählerbemühens um Distanz – nicht.[137]

Es fällt schwer, Sympathien für Innstetten zu empfinden, nachdem die Einsicht in seine Unfähigkeit, lebenszerstörende gesellschaftliche Ordnung zu überwinden, vermittelt worden ist. Es ist unwahrscheinlich, Teilnahme zu empfinden für einen Götzendienst leistenden Gesellschaftssklaven, der den Konventionen nicht nur – wie Richard Brinkmann es formuliert – wegen tadelbarer Charaktereigenschaften nicht entkommen kann.[138]

4.2.2 Major Crampas

Wie in einigen Romanen zuvor benutzt FONTANE auch in *EFFI BRIEST* eine Figuren-Konstellation, in der durch das Auftreten eines Dritten Probleme offenkundig werden, die in den Beziehungen der anderen Personen latent vorhanden sind. In dem von uns untersuchten Roman ist es Major Crampas[139], der zu einem entscheidenden Zeitpunkt – nach den ersten Spukerlebnissen, nach der Geburt der Tochter, nach Effis Rückkehr aus Hohen-Cremmen als **verführerische** Frau (142) – zum auslösenden Element eines verhängnisvollen Geschehens wird.

Nicht durch eine Beschreibung des Erzählers, sondern wiederum aus Effis Blickwinkel wird diese Figur präsentiert in vorsichtiger, doch nicht minder eindrucksvollen und prägnanten Weise. Für eine Einführung im Dialog bietet sich keine Möglichkeit, sodass der Erzähler durch eine briefliche Mitteilung Effis an die Mutter – vor einem eigentlichen Treffen mit Crampas – auf die für das Geschehen relevanten Charakterzüge von Crampas aufmerksam machen kann:

> **[…] Major von Crampas […] ist verheiratet, zwei Kinder, die Frau ein Jahr älter als er, […] fünfundvierzig […] Er […] soll […] ein Mann vieler Verhältnisse sein, ein Damenmann, etwas, was mir immer lächerlich ist und mir auch in diesem Falle lächerlich sein würde, wenn er nicht um eben solcher Dinge willen ein Duell mit einem Kameraden gehabt hätte. (121)**

Bereits durch diese Äußerungen wird Crampas bewusst als Gegenpol zu Innstetten konzipiert. Desgleichen erscheint wesentlich, dass auch in das Bild von Crampas das Moment der Wiederholung aufgenommen wird. In der Ehe mit Effi setzt sich die einstige Verbindung Innstettens mit ihrer Mutter fort, Ehebruch und Duell finden ihre Entsprechung in dem Vorleben des Majors.

Der zunächst belanglose Hinweis in Effis Brief zeigt deutlich, dass jedes Gespräch, jede Szene, selbst jeder Brief ausgerichtet ist auf die innere Thematik des Romans, wobei jede Figur konzipiert ist auf ihre Funktion innerhalb des Geschehens; die Crampas zugewiesene Rolle erschließt sich uns im Verlauf seines ersten eigentlichen Auftretens im Hause des Landrats, dessen Veranda er auf das vom Letzteren gegebene Stichwort **Don Juan oder Herzensbrecher** (142) wie zufällig betritt. Die Bemerkung **unverantwortlich** (143) mag von Innstetten ausschließlich auf Crampas' Bad im neun Grad kalten Wasser bezogen werden; sie liefert uns aber – und dies ergibt sich im Verlauf des Romans – eine eindeutige Beschreibung des Majors, wobei **unverantwortlich** über die individuelle auf die Ebene gesellschaftlichen Handelns ausgedehnt wird.

Ein eindrucksvolles Beispiel gibt bereits eine zweite Szene, die erste in ihrer äußeren Harmlosigkeit beinahe noch übertreffend; umso prägnanter gestalten sich die Selbstdarstellungen Innstettens und Crampas' im Dialog. Während eines gemeinsam Ausrittes an der Mole schlägt der Major beim Sichtbarwerden einer Robbe in der allgemeinen Erregung eine Robbenjagd vor. Wie um die Stimmigkeit seines bisherigen Charakterbildes zu unterstreichen lehnt Innstetten dieses Vorhaben in einer die Unumstößlichkeit hervorhebenden Kürze ab: **Geht nicht, [...] Hafenpolizei.** (148) Der in gesellschaftlichen Ordnungen aufgehende Innstetten muss auch hier wieder Gesetzestreue demonstrieren, was Crampas zur Abwertung einer rigiden Orientierung an **Gesetzlichkeiten** veranlasst:

Wenn ich so was höre, [...] Hafenpolizei! Die drei Behörden, die wir hier haben, werden doch wohl untereinander die Augen zudrücken können. Muß denn alles so furchtbar gesetzlich sein? Alle Gesetzlichkeiten sind langweilig. (148)

Es handelt sich nicht um eine wie zufällig gegebene Antwort – eine Lebensphilosophie wird offengelegt: Dem Genuss des Augenblicks, dem Vertreiben der Langeweile müssen gesetzliche Ordnungen geopfert werden. Verbirgt sich hier noch die Gefährlichkeit eines solchen Leichtsinns, so tritt sie zutage, wenn Innstetten auf die Aussage von Crampas: **Ohne Leichtsinn ist das ganze Leben keinen Schuß Pulver wert** (149) eine Zurechtweisung mit einem Seitenblick auf Crampas' verkürzten linken Arm als sichtbares Merkmal des zurückliegenden Duells nicht unterdrücken kann: **[...] gerade so viel kommt mitunter dabei heraus.** (149)

Mit diesem Schlusswort aus dem Munde des Landrats unterstreicht der Erzähler, dass wir hier nicht ausschließlich mit der zunächst so wohltuenden Gegenposition zu Innstettens starrem Dogmatismus, sondern gleichzeitig mit einer durch ehebrecherische Verfehlungen vorbelasteten Lebensweise konfrontiert werden. Effis spontane Reaktion – ein Klatschen in die Hände – auf eine derartig generalisierende Verwerfung gesetzlicher Ordnungen wird wohl nicht nur von ihrem Ehemann als Zustimmung zu solcherlei Abwertung von Ordnungsgedanken interpretierbar sein. Eine gewisse Fragwürdigkeit auch ihrer Haltung ist zumindest angedeutet (149), mag ihr Verhalten auch aus der Begeisterung und der Zustimmung zu einer ganz anders gearteten Lebensweise resultieren und gleichzeitig als verdeckter Widerspruch gegen den prinzipientreuen, aber für sie langweiligen Innstetten gelten.[140]

Die von Crampas nicht zuletzt durch die Duellverletzung dokumentierte Indifferenz gegenüber dem Leben, die in einer Äußerung Wüllersdorfs über dessen Reaktion auf die Duellforderung wiederholt wird,[141] findet bei diesem Ausritt durch verbalisierte Gleichgültigkeit gegenüber gesellschaftlichen Gesetzen und Ordnungen eine Ergänzung. Da diese Einstellung des Majors aus der Überzeugung resultiert, dass gesellschaftliche Konventionen ohnehin Produkte eines Zufalls darstellen (269), bleibt sie unantastbar durch Kritik anderer.

Ein wesentlicher Zug der Natur Crampas', seine Schicksalsgläubigkeit, eröffnet sich dem Leser erst kurz vor dem Tode des Majors, wenn Innstetten aus dessen Brief an Effi vorliest: **Alles ist Schicksal. Es hat so sein sollen.** (269) Folgenschwere Konsequenzen seines Leichtsinns, seiner Spielernatur können damit keine Schuldgefühle verursachen; sie sind der eigenen Verantwortlichkeit entzogen und einem höheren Fatum[142] unterstellt. Dies hindert ihn nicht daran, eine Vorahnung davon zu haben, was das Schicksal für ihn bereithält. So kann Wüllersdorf sagen: **Es ist mir ganz sicher, er** [Crampas, d. Verf.] **hat das Gefühl, aus der Sache nicht heil herauszukommen, und will auch nicht.** (277) So wie Innstetten **die starren Prinzipien der Gesellschaft verkörpert,** bildet Crampas sein Gegenstück als Vertreter des **Menschlich-Natürlichen im Absehen von** [...][143] **Konvention.**[144]

Crampas ist von dem Erzähler ausschließlich auf seine Rolle im Gesamtgeschehen hin konzipiert, wobei er ohne Ausnahme in Verbindung mit den beiden Hauptfiguren gezeigt wird. Sein Leben außerhalb dieses Funktionsbereichs – Eheleben, Dasein in Effis Berliner Zeit – bleibt unberücksichtigt.

4.2.3 Die Eltern Briest

Man ist nicht bloß ein einzelner Mensch, man gehört einem Ganzen an, (272) so beginnt Innstetten vor Wüllersdorf das Duell zu rechtfertigen. Dieses **Ganze** ist zu verstehen als die Eingebundenheit des Einzelnen in die ihn umgebende Gesellschaft mit ihren Ordnungen und Anforderungen. In einer Studie zum Figurenentwurf versucht Kurt Wölfel zu beschreiben, dass dieses gesellschaftliche Etwas nicht als etwas dem Einzelnen Gegenüberstehendes zu betrachten ist, sondern als eine personimmanente Kraft, welche die Unmittelbarkeit seiner Existenz einengt.[145]

Diese Einengung erfahren wir besonders deutlich bei der Darstellung der Eltern Briest, in deren Charakteristik der Gegensatz zwischen einer nahezu ausschließlich gesellschaftlichen Orientierung und einem Bemühen um Ausrichtung auf eine ursprüngliche, unmittelbare Lebensweise aufgenommen wird. Da die äußere Beschreibung der Personen für die eigentliche Romanthematik unbedeutend ist, widmet sich der Erzähler ihr auch nur in sehr beschränktem Maße (8 f.).

Die Darstellung der Eltern ergibt sich aus ihren gemeinsamen Gesprächen, denen damit eine Doppelfunktion zukommt. Zum einen reflektieren sie das Geschehen aus der Distanz, zum anderen zeigen sich in diesem den Konflikt spiegelnden Verfahren die eigenen Differenzen der Eltern. Aus den Dialogen der Elternteile mit den übrigen Personen ergeben sich allerdings andere Konsequenzen. So sind insbesondere die Gespräche der Frau von Briest kaum Reflexion, sondern überwiegend als Aktion zu verstehen. Als Repräsentantin der Konvention strebt sie zielbewusst nach gesellschaftlicher Anerkennung, was Effi ohne Überlegung der sich daraus für sie ergebenden Folgen verbal nachvollzieht. So ist die *Entsagung* zu erklären. Frau von Briest musste die Werbung des jungen und gesellschaftlich noch unbedeutenden Innstetten zugunsten des Ritterschaftsrats und Besitzers von Hohen-Cremmen von Briest ausschlagen und aus ebensolchen Gründen bereitet sie die *Entsagung* der Tochter vor, indem sie eine Verbindung zwischen ihr und dem nunmehr zu Rang und Ansehen gekommenen Innstetten forciert. Effi tritt somit als Revenant der Mutter auf. Desgleichen findet in der aus dem gesellschaftlichen Ehrgeiz der Frau von Briest motivierten Verheiratung ein Rollentausch statt insofern, als eine zumindest teilweise Wiederholung dessen, was in der Ehe von Briest – allerdings nach außen erfolgreich – praktiziert wird, zum Tragen kommt, hier nur mit vertauschten Vorzeichen. Effi, geprägt durch eine stark vom Vater betriebene liberale Erziehung und die natürliche, jeglicher Verkrampfung fern stehende Lebensweise des alten Briest, geht eine Verbindung mit einem karrierebewussten und prinzipientreuen Vertreter der preußisch-adligen Gesellschaft ein, zu dem doch eigentlich die Mutter aufgrund ihrer Charakterdisposition soviel besser gepasst hätte (42).

Ähnlich folgerichtig wie die Entscheidung der Mutter für Briest erscheint zunächst Effis Zustimmung zu einer Ehe mit Innstetten. Warum sollte sie eine Werbung ausschlagen, denn unter Berücksichtigung aller gesellschaftlichen Aspekte ist er der **Richtige.** Selbstverständlich ist man **immer ganz glücklich** (22) unmittelbar nach der Verlobung und über das *Genante* wird man hinwegkommen (23). Aber gerade aus diesem ihrer Kindlichkeit entspringenden Nichtwissen, der unreflektierten

Wiederholung mütterlicher Bewertungskriterien für einen Ehepartner, ergibt sich die Andersartigkeit der *Entsagung*, die bei Frau von Briest rein formaler Natur war, da ihre Entscheidung – es gibt keinen Hinweis im Roman, der dies widerlegen könnte – das Ergebnis eines Abwägens gesellschaftlicher Folgen und genauer Vergegenwärtigung der Realitäten darstellte. Effi demgegenüber lebt weitgehend fern dieser Realitäten und ihrem Charakterbild fehlen prägnante Züge einer Gesellschaftsdame.[146] Frau von Briest arrangiert den durch die Verlobung dokumentierten gesellschaftlichen Erfolg ihrer Tochter und sie verhandelt auch über **ernstere Dinge** mit Innstetten, legt den Hochzeitstermin zusammen mit ihm fest und bespricht **Ausstattungs- und Wirtschaftseinrichtungsfragen** (24).

Die Dominanz der Frau von Briest bei bedeutenden, die Konvention betreffenden Entscheidungen kommt auch in der Reaktion der Eltern auf das Bekanntwerden des angeblichen Ehebruchs ihrer Tochter zum Ausdruck. Die moralischen Maßstäbe sind gesellschaftlich motiviert und ihrer Charakteranlage folgend bekennt sich Frau von Briest genau wie Innstetten zum Normensystem ihrer Gesellschaftsschicht, dessen begrenzte Gültigkeit sie zumindest andeutungsweise durchschaut, wenn sie schreibt:

> **[...] das elterliche Haus wird Dir verschlossen sein; wir können Dir keinen stillen Platz in Hohen-Cremmen anbieten [...], denn es hieße das, dies Haus von aller Welt abzuschließen, und das zu tun sind wir entschieden nicht geneigt. Nicht weil wir zu sehr an der Welt hingen und ein Abschiednehmen von dem, was sie ›Gesellschaft‹ nennt, uns als etwas unbedingt Unerträgliches erschiene; nein, nicht *deshalb,* sondern einfach, weil wir Farbe bekennen und vor aller Welt [...] unsere Verurteilung Deines Tuns [...] aussprechen wollen [...] (295)**

Trotz des **wir** kommen die mütterlichen Standpunkte deutlich zum Tragen, sie werden gar aufrecht erhalten, wenn es um das Heimholen der bereits schwer kranken Effi nach Hohen-Cremmen geht. In ihrer Argumentation auf Briests Unmutsbezeugung zu der so lange bestehenden Trennung zwischen Eltern und Tochter aus Anlass deren Eheverfehlung wiederholen sich die Formulierungen Innstettens als Begründung für seine Duellforderung aus dem Munde der Frau von Briest:

> **Aber man lebt doch nicht bloß in der Welt, um schwach und zärtlich zu sein und alles mit Nachsicht zu behandeln, was gegen Gesetz und Gebot ist und was die Menschen verurteilen und, vorläufig wenigstens, auch noch – mit Recht verurteilen. (320)**

Und wie Innstetten bereit ist, seine von ihm als solche verstandene Liebe zu Effi gesellschaftlichen Prinzipien zu opfern, ist auch Frau von Briest selbst nach einem Appell des Ehemannes an ihre Elternliebe geneigt, diese erst hinter Konvention, Moral und Ansprüchen seitens der Gesellschaft rangieren zu lassen. Erst diese letzten Formulierungen sind endlich Anlass für Briest zu einer deutlichen Abwertung der genannten Kategorien und zu einer klar zum Ausdruck gebrachten Stellungnahme, die trotz der rhetorischen Schlussfrage keine eigentliche Alternative zulässt: **Ach, Luise [...] komme mir nicht mit ›Gesellschaft‹ [...] Ich werde ganz einfach telegraphieren: ›Effi komm.‹ Bist du einverstanden?** (321) Die mit dem Tage der Verlobung aufgegebene Einflussnahme auf das Leben seiner Tochter wird in diesem Augenblick wieder geltend gemacht. Es scheint dies die einzige Form der Durchsetzung Briests als Vertreter eines mehr natürlichen Lebensprinzips gegenüber seiner Frau zu sein, deren Verhalten primär von Konvention und Herkommen seine Prägung erhalten hat.

Gelang es Briest, Effi bis zu ihrer Ehe mit Innstetten in der Geborgenheit vor Unbill und den Ansprüchen einer objektiven gesellschaftlichen Realität zu bewahren, schafft er es aber nicht, das ablaufende Drama dieser Verbindung zu verhindern oder gar aufzuhalten. Er kommentiert es lediglich aus der intellektuellen Überlegenheit des Unabhängigen von einer höheren Warte aus. Der Vater distanziert sich sogar durch die formelhafte Wendung vom **weiten Feld** und umgeht damit eine Stellungnahme. Erst wieder mit dem Telegramm übernimmt er die schützende Funktion, indem er seine Überlegenheit formuliert und in die Tat umsetzt. Ausdrücklich wird dem gesellschaftlichen Götzen Innstettens und Frau von Briests der Dienst verweigert. Nach Jahren des erfolglosen Kampfes um eine reale Existenz in der Gesellschaft wird es Effi durch den Vater ermöglicht, unter die schützende und gleichzeitig befreiende Hülle Hohen-Cremmens zurückzuschlüpfen.[147]

Der Roman findet sein Ende in einem das Geschehen um Effi reflektierenden Dialog der Eltern, der in der Frage Frau von Briests gipfelt: **Ob *wir* nicht doch vielleicht schuld sind?** (341) Briest verweigert eine Antwort auf die sich daran anschließenden Vorwürfe:

Ob wir sie nicht anders in Zucht hätten nehmen müssen. Gerade wir. Denn Niemeyer ist doch eigentlich eine Null, weil er alles in Zweifel läßt. Und dann, Briest, so leid es mir tut [...] deine beständigen Zweideutigkeiten [...] und zuletzt, womit ich mich selbst anklage, denn ich will nicht schuldlos ausgehen in dieser Sache, ob sie nicht doch vielleicht zu jung war? (341 f.)

mit der sich leitmotivisch durch den Roman ziehenden Wendung: [...] **laß [...] das ist ein *zu* weites Feld.** (342) Uns bleibt die Frage, ob Briest hier dazu neigt, die Problematik des Geschehens ungelöst auf sich beruhen zu lassen oder ob diesem Ausspruch die Motivation zugrunde liegt, die aus höherer Einsicht gewonnenen Erkenntnisse bewusst nicht zum

Ausdruck zu bringen, um Frau von Briest vor berechtigten, aber keine Maßnahmen mehr auslösenden Selbstvorwürfen zu bewahren; denn die ihrem gesellschaftlichen Ehrgeiz entspringende Verheiratung Effis mit dem seiner Karriere lebenden preußischen Staatsdiener Innstetten leitete gleichsam das tragische Schicksal der Tochter ein. Dies wiederum ist als Schuld im engeren Sinne zu verstehen; denn **Schuld trägt im weiteren Sinne die preußisch-adlige Gesellschaft, als deren herausragende Vertreter Innstetten und Frau von Briest im Roman fungieren.**[148]

4.2.4 Ergänzungen und weitere Figuren

Auswahl und Gestaltung der Figuren des Romans *Effi Briest* sind bestimmt durch die innere Thematik. Der Gegensatz zwischen Effi und Innstetten wird verstärkt durch das Auftreten eines Gegenpols zu Innstetten: Major Crampas. Wiederholung bzw. Vorgabe findet der Konflikt in Effis Eltern, verkörpert von einer bewusst und zielstrebig den gesellschaftlichen Gesetzen folgenden Mutter und einem unkonventionellen, Wärme und Geborgenheit sowie natürliche Lebensweise vermittelnden Vater.

Menschlichkeit und Disziplin finden aber nicht nur ihre jeweilige Ausprägung in den Hauptfiguren, sondern selbst episodisch auftretende Figuren sind auf den Gegensatz dieser beiden Kategorien hin angelegt.[149]

Eine bemerkenswerte Variation und Spiegelung zugleich erfährt das Geschehen durch die diskrepante Gestaltung der beiden Dienerinnen Effis, Roswitha und Johanna, womit Fontane den Widerstreit zwischen Ordnung und Natur in eine andere soziale Schicht verlagert, obgleich beide wiederum nach Herkunft, Religion und Bildungsgrad grundverschieden sind. Johanna als Vertreterin des Schicklichen gehört bereits zum Personal des landrätlichen Hauses, als Effi nach ihrer Eheschließung in Kessin eintrifft. Vom Typus her Innstetten zugeordnet verbleibt sie auch in seinem Hause nach der Aufdeckung des Ehebruchs, obwohl ihr *Sich-in-Szene-Setzen* für diesen zu einer Belastung wird. Roswitha verkörpert demgegenüber eine ursprüngliche Menschlichkeit. Sie wird erst von Effi während einer zufälligen Begegnung als künftiges Kindermädchen Annies eingestellt. Dankbarkeit und Treue Roswithas gipfeln in ihrer Sorge für Effi während ihres bescheidenen und zurückgezogenen Lebens nach ihrer gesellschaftlichen Verbannung in Berlin. Roswitha dient allerdings nicht nur als Kontrastbild zu Johanna, sondern in ihrem Verhalten dem Kutscher Kruse gegenüber ist eine – wenn auch begrenzte und auf einer anderen Ebene liegende – Parallele zum Ehebruchsgeschehen um Crampas und Effi zu erkennen. Verdeutlicht wird die Übereinstimmung durch eine scherzhafte Unterhaltung und den von Kruse angeschlagenen **schäkrigen Ton.** An Roswithas schamhaftem Verhalten (202 ff.) danach bemerkt auch Effi die Entsprechung und in Vergegenwärtigung ihrer eigenen gefährlichen Situation warnt sie: **Ich muß dich darauf aufmerksam machen, Roswitha, daß Kruse verheiratet ist.** (203) Als wesentliches Element der Entfremdung zwischen Effi und Innstetten vor Effis Hinwendung zu Crampas ist auch die Figur des Kessiner Apothekers Gieshübler gestaltet. Für Effi ist er der **einzige richtige Mensch** (78) in der Kessiner Gesellschaft, die in keiner Weise geeignet ist die Isolation Effis aufzubrechen. Lediglich Gieshüblers Verhalten zeugt von Fürsorge und Aufmerksamkeit, nicht zuletzt geboren aus der besonderen Sensibilität eines vom Schicksal im Äußeren nicht gerade verwöhnten Menschen.[150] Unabhängig davon spiegelt sich in ihm wiederum das Motiv der Untreue im weitesten Sinne. Bringt Gieshübler seine Wertschätzung für Innstetten einerseits unmissverständlich zum Ausdruck (72), fördert er andererseits die Vertiefung der Kluft zwischen den Eheleuten. Nicht zuletzt Innstetten zuliebe nimmt er an den italienischen Abenden im Hause des Landrats teil – einer Rekapitulation der Hochzeitsreise. Sie hätten die Winterabende auch noch lange gefüllt,

[…] wenn nicht der unschuldige, harmlose Gieshübler, trotz größter Abgeneigtheit gegen zweideutiges Handeln, dennoch im Dienste zweier Herren gestanden hätte. Der eine, dem er diente, war Innstetten, der andere war Crampas, und wenn er der Innstettenschen Aufforderung zu den italienischen Abenden, schon um Effis willen, auch mit aufrichtigster Freude Folge leistete, so war die Freude, mit der er Crampas gehorchte, doch noch eine größere. Nach einem Crampasschen Plane nämlich sollte noch vor Weihnachten »Ein Schritt vom Wege« aufgeführt werden, und als man vor dem dritten italienischen Abend stand, nahm Gieshübler die Gelegenheit wahr, mit Effi, die die Rolle der Ella spielen sollte, darüber zu sprechen. (166)

Effi stimmt begeistert zu. Gieshüblers Vorgehensweise kann als ein Akt der Untreue Innstetten gegenüber angesehen werden, gleichzeitig ermöglicht sie eine Intensivierung der Beziehungen zwischen Crampas und Effi, deren Begegnungen sich durch das Vorbereiten und Zustandekommen einer Aufführung häufen.

Unter Berücksichtigung unserer Ausführungen zur Struktur der Figurengestaltung erscheint es gerechtfertigt zu sein, zwei Aspekte der Intention des Erzählers besonders hervorzuheben: Den einen bildet die Ausprägung der Figuren in ihrer Eingebundenheit in gesamtgesellschaftliche Zusammenhänge, wobei eine gesellschaftskritische Komponente nicht verborgen bleibt, der zweite ist in der Offenlegung psychischer Prozesse zu erkennen; die psychologische Gestaltung schließt

Bereiche des Irrationalen mit ein, wozu wir u. a. Komplexe des Schicksalhaften und des Naturmagischen rechnen.

Den Bereich des Irrationalen berührt auch die Gestaltung der Kreatur in diesem Roman. Das Verhalten des Hundes Rollo erfährt keinerlei Interpretation durch den Erzähler. Das episodische, aber pointierte Auftreten des Hundes erscheint zunächst zusammenhanglos und lässt keine eindeutigen Schlüsse zu. Der wahre Gehalt ergibt sich erst aus dem Gesamtzusammenhang.

Als **Kenner** und treues Tier Innstettens wird Rollo Effi von ihrem Mann vorgestellt (54), eine Übertragung der Liebe des Tieres auf Effi findet während der ersten Begegnung statt (56 f.). Im Rahmen seiner Rolle bleibt es unklar, ob der Hund Effi gegen eine tatsächlich vorhandene oder nur eingebildete Spukerscheinung beschützt (86 f.). In der besonderen Zuneigung zu Effi und einer zwar ungeklärten, in Anbetracht des Romanfortgangs aber eindeutigen Abwendung von Innstetten lassen sich Ansätze – ähnlich wie bei Gieshübler – einer praktizierten Untreue erkennen. Der aus Berlin nach Kessin mit der Mitteilung seiner Abberufung zurückkehrende Innstetten wird zurückhaltender als üblich von Rollo begrüßt, was den Landrat zu der Aussage veranlasst: **Der ist nicht recht zufrieden, entweder mit mir nicht oder mit andern. Nun, ich will annehmen, mit mir.** (207) Anzeichen von Rollos Parteinahme[151] scheinen ebenfalls sichtbar zu werden, wenn Effi nach der Entdeckung ihrer Schuld und der darauffolgenden Ächtung die herausragende Stellung Rollos betont: **Rollo, [...] der ist mir auch nicht gram. Das ist der Vorteil, daß sich die Tiere nicht so drum kümmern.** (331)

Und Rollo ist es, der – das Fressen verweigernd – vor Effis Grabstein liegt (341) und auf die Schuldfrage der Frau von Briest aufwacht und den Kopf langsam hin und her schüttelt. Dieser Gebärde mögen– wie Dietrich Weber ausführt[152] – unterschiedliche Intentionen des Erzählers zugrunde liegen, die sich allesamt auf die Schuldfrage konzentrieren, aufklärende Bedeutung kommt ihr aber nicht zu. Vom Inhalt gesehen wird der Gebärde die gleiche Qualität verliehen wie dem vieldeutigen Schlusswort Briests auf menschlicher Ebene. Der Reaktion Rollos an dieser exponierten Stelle des Romans scheint gleichsam eine zurückweisende Funktion zuzukommen, insofern als bei der gesellschaftlich-psychologischen Schuldfrage-Erörterung an irrationale Momente vergangenen Geschehens erinnert wird.[153]

5 Die Zeitgestaltung

5.1 Die Erzählzeit und die erzählte Zeit

Nachdem nunmehr sowohl die formalen als auch die inhaltlichen Aspekte in ihrer Verwobenheit einer Analyse unterzogen wurden, soll im Folgenden versucht werden das **Verhältnis von erzählter Wirklichkeit und sprachlicher Wiedergabe**[154] zu erfassen mithilfe einer Gegenüberstellung von erzählter Zeit und Erzählzeit, wobei die Erzählzeit ihren Ausdruck in der Form von Seitenangaben als neutraler und vergleichbarer Einheit finden soll.

Bei der Betrachtung des Romanganzen in Bezug auf die Erzählzeit ist die Angabe von 341,25 Seiten in der uns vorliegenden Ausgabe (335,25 Seiten und 6 Seiten Titelblätter) eindeutig, die erzählte Zeit ist allerdings nicht immer klar auszumachen, teilweise lassen unterschiedliche Auslegungen der jahreszeitlichen Gegebenheiten Abweichungen zu.

Tafelbild 2 soll Grundlage für die sich anschließenden Betrachtungen sein, wobei die Zuteilung bestimmter Räume zu Lebensstationen der Hauptfigur gleichzeitig als Basis für mess- bzw. schätzbare Zeitabschnitte gelten können. Die Monatsangaben spiegeln nur zum Teil die genauen Zeitangaben des Erzählers wider. Die vorgenommene Differenzierung zwischen *IV Zeitdauer für die Romanfiguren* und *V Effektiv erzählter Zeitraum* trägt zur Verdeutlichung des Aussparens großer Zeiträume seitens des Erzählers bei. Die zeitliche Konzentration und erzählerische Dichte entsprechen einander noch in Hohen-Cremmen und Kessin als Vorbereitung und Ausbreitung des eigentlichen Themas. Der Erzähler gibt die erlebte Zeit ohne Aussparung nennenswerter Zeiträume wieder – IV und V sind identisch.

Die sechs Jahre und fünf Monate des noch gemeinsamen Ehelebens in Berlin erfahren nur eine ansatzweise Berücksichtigung, so z. B. der endgültige Umzug (April x^2), der gemeinsame Urlaub auf Rügen (August x^2) und die Schuldreflexion Effis zu Ende des Urlaubs (2. Oktober x^2) in Hohen-Cremmen. Diese Geschehnisse haben wir mit sechs Monaten veranschlagt, zu denen die zwei Monate (Juni/Juli x^8) hinzugerechnet werden, sodass sich für die Zeit in Berlin vor dem Wendepunkt bei großzügiger Berechnung neun Monate effektiv erzählten Zeitraums ergeben. Die dazwischenliegenden fünf Jahre und mehr werden kaum gestreift; sie bleiben unwesentlich für die Thematik des Romans. Die

Tafelbild 2: Erzählzeit und erzählte Zeit

Ort I	Seiten-angabe im Roman II	(z. T. geschätzte) Zeitangaben des Erzählers (x = Jahreszahl) III	Zeitdauer für die Romanfiguren (III) IV	Effektiv erzählter Zeitraum V	Seiten-zahl VI	durch-schnittl. Seitenz./ Monat (bez. auf V) VII	durch-schnittl. Seitenz./ Monat (bez. auf IV) VIII
Elternhaus in **Hohen-Cremmen**	47,5	Jul. x–7. Okt. x	3 M.	3 M.	41,5	13,8	13,8
Hochzeitsreise und Eheleben in **Kessin**	239,75	Okt. x–1. Apr. x^2	1 J. 6 M.	1 J. 6M.	192,25	10,7	10,7
Berlin Versuch eines **neuen Lebens**	274,0	Apr. x^2–Aug. x^8	6 J. 5 M.	9 M.	34,25	3,8	0,4
Wendepunkt	320,5	Aug. x^8–Aug. x^{11}	3 J.	6 M.	46,5	7,8	1,3
Rückkehr nach **Hohen-Cremmen**	341,5	Aug. x^{11}–Sep. x^{12}	1 J. 1 M.	6 M.	20,75	3,5	1,6
GESAMT	341,25 (abzgl. 6 Seit. Titelb.)	Jul. x–Sep. x^{12}	12 J. 3 M. (147 M.)	3 J. 6 M. (42 M.)	335,25	8,0	2,3

letztgenannten zwei Monate (x^8) dienen ausschließlich der Wegbereitung für die Entdeckung der Briefe und die dieses Geschehen umgebende Zeit erfährt eine breite Darstellung in zeitlicher Dichte.

Ebenfalls unerheblich für den Abschluss des Ganzen sind die sich anschließenden drei Jahre nach dem Wendepunkt in Berlin. Effis Rückkehr von der Kur nach Erhalt des elterlichen Briefes, ihr kurzfristiger Pensionsaufenthalt (August/September x^8) und die Zeit bis Weihnachten (Dezember x^8) in der Wohnung in der Königgrätzer Straße finden Erwähnung unter dem besonderen Aspekt des Zuzugs von Roswitha und des Ausschlusses von allem gesellschaftlichen Leben.

Danach vergehen **Jahr und Tag** (309) – monoton und unwesentlich in Anbetracht des die Rückkehr nach Hohen-Cremmen vorbereitenden enttäuschenden Wiedersehens mit der der Mutter entfremdeten Annie (August x^{11}), das in zeitlicher Dichte dargeboten wird. Die eigentliche Rückreise nach Hohen-Cremmen und das erste Halbjahr dort bleiben weitgehend ausgespart. Auf knapp 21 Seiten werden die letzten sechs Monate in Hohen-Cremmen als Verschlimmerung der Krankheit, Tod und Grabsteinlegung erzählt.

Insbesondere die nachfolgende Grafik mag verdeutlichen, in welcher Dichte bestimmte Zeitabschnitte erzählerisch gestaltet sind, wobei wesentliche Stationen im Leben der Hauptfigur im Bezugsfeld Zeit/Seitenangabe verfolgt und in Beziehung zum zeitlichen und seitenmäßigen Umfang der Erzählblöcke gestellt werden.

Das steile Ansteigen der Kurve sowohl was bedeutende Lebensstationen als auch Erzählphasen in Form von Exposition, Vorbereitung des Wendepunktes und Höhepunkt anbetrifft, entspricht dem eigentlichen Spannungsbogen des Romans, der eine gewisse Steigerung im Zusammenhang mit der Aufdeckung der Schuld und eine – wenn auch nur geringfügige – Erhöhung beim Wiedersehen mit Anni und im Gespräch Innstettens mit Wüllersdorf im Anschluss an Roswithas Bitte um Rollo erfährt.

Selbst wenn man davon ausgeht, dass aus der Ereigniskette des mehr als zwölf Jahre umfassenden Zeitraumes nur ausgewählte Begebenheiten erzählend realisiert werden, so könnte dies unter Zugrundelegung der Grafik zu dem Trugschluss führen, dass bestimmte zeitliche Abläufe, wie z. B. die Monate von der Verlobung bis zum Hochzeitstag, gleichmäßige Beachtung seitens des Erzähleres finden, was bedeutet, dass die Geschehensabläufe in sukzessiver Form auf die den ersten Block ausmachenden 41,5 Seiten verteilt werden. Diese Annahme entspricht allerdings keinesfalls dem vom Erzähler beabsichtigten Aufbau des Werkes.

Wie wir bereits im Verlauf dieser Arbeit feststellen konnten, realisiert

Tafelbild 3: Lebensstationen der Hauptfigur und Erzählblöcke im Spannungsfeld von Erzählzeit und erzählter Zeit

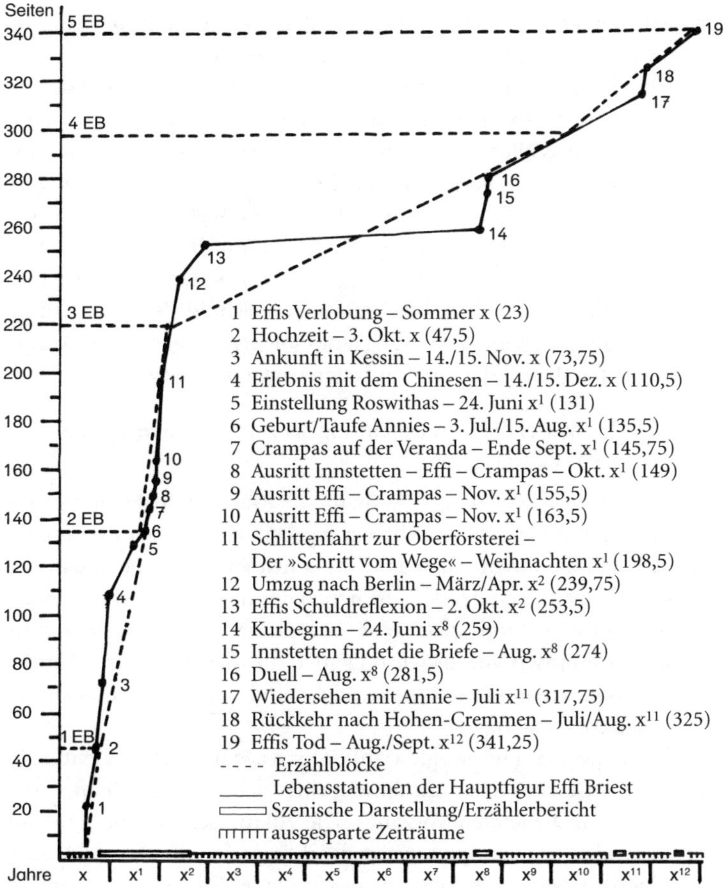

1EB = 1. Erzählblock – 7. Okt. x (47,5)
2EB = 2. Erzählblock – Aug. x^1 (135,25)
3EB = 3. Erzählblock – März x^2 (220,75)
4EB = 4. Erzählblock – Aug. x^8 (298,25)
5EB = 5. Erzählblock – Sept. x^{12} (341,25)

der Erzähler bestimmte Entwicklungen, Konflikte und Figurendarstellungen im Gespräch, wobei in einem nicht ungewöhnlichen Fall selbst sehr große Zeiträume in einem mehrere Seiten umfassenden Gespräch reflektiert werden. Der zum Teil Tage, Wochen, Monate, gar Jahre überbrückende Erzählerbericht ist größtenteils auf wenige Zeilen beschränkt und dient zum einen als ein kaum notwendigens Gerüst für die sich selbst tragenden Gespräche und zum anderen als Hinweis für den Leser auf für das Thema unwesentliche Zeit- und Geschehensabläufe.

Dem Betonen eines verflossenen, vom Erzähler nicht berücksichtigten Zeitraumes kann allerdings auch besondere Bedeutung zukommen, so z. B. der von Wüllersdorf getroffenen Aussage: **Liegt also sechs Jahre zurück oder noch ein halbes Jahr länger.** (270) Einerseits mag hier unterstrichen werden, dass in den zurückliegenden sechs Jahren keine wesentlichen Vorkommnisse das Leben von Effi und Innstetten bestimmt haben, andererseits kann es als ein Appell an Innstetten verstanden werden, aufgrund eines so langen Zeitraumes die Schuld als verjährt zu akzeptieren, um durch die Ablehnung eines solchen Vorgehens die Abrundung des Charakterbildes von Innstetten weiterzutreiben.

5.2 Das Mittel der Vorausdeutung als ein besonderer Aspekt der Zeitgestaltung

Unsere Untersuchungen zum Aufbau, zur Raum- und Figurengestaltung des Romans *Effi Briest* haben ergeben, dass es sich hier um ein sorgfältig auf die innere Thematik hin konzipiertes Werk handelt, dessen Schicksalhaftigkeit des Ablaufs neben der deutlich hervortretenden gesellschaftlichen Motivation eine besondere Bedeutung zukommt durch die **ominösen Vorausdeutungen**[155], die dem Werk eine Begründung des tragischen Geschehens verleihen und zugleich die Einheit und die Konsistenz steigern.

Die in die Figuren gelegten zukunftsweisenden Vorausdeutungen dienen dem Geschehen zur Entfaltung eines sich in schicksalhafter Notwendigkeit vollziehenden Vorgangs. Die zukunftserhellende Funktion der Vorausdeutungskomplexe verdeutlicht ein sich durch die jeweilige Charakterdisposition der Figuren entwickelndes Schicksal, das zugleich ein objektives, gesellschaftlich bedingtes sein muss, obwohl alle individuellen Psychostrukturen jene spezifischen Situationen zulassen. Der Anfang und Ende verbindende eigentümliche *Sog* des Ganzen soll im Folgenden an herausragenden Beispielen des Eingangskapitels und des Höhepunktes des Romans untersucht werden.

Fontanes eigene Forderung, das erste Kapitel solle den **Keim des Ganzen**[156] enthalten, erfüllt sich in *Effi Briest*; denn im Eingangskapitel zu diesem Roman werden bereits alle bedeutungsvollen Themen in der Exposition der Charaktere vorbereitet. Hinweise auf Verlauf und Ausgang des Geschehens bleiben kaum zu übersehen. Die Spannung des Lesers erfährt eine Ablenkung vom unmittelbaren äußeren Ablauf hin zum *Wie* des Vollzugs.[157]

Wird den Freundinnen bereits in der Eingangsszene durch Effi **eine Liebesgeschichte mit Held und Heldin, und zuletzt mit Entsagung** (11) angekündigt, so scheint diese vielfach unterbrochene Erzählung im Verlauf des Kapitels zunächst nur von der einstigen gescheiterten Verbindung ihrer Mutter mit dem Baron von Innstetten Kunde zu tun – ein belangloses, die Begegnung mit den Freundinnen schmückendes Detail, dessen Bedeutung sich dem Leser allerdings später erschließt und durch den Wortwechsel zwischen Hulda und Effi offensichtlich wird. Auf Huldas Aufforderung, die angekündigte Liebesgeschichte nun endlich vorzutragen, und deren sich dem Drängen anschließenden Frage: **Oder ist es nicht so schlimm?** (11) erwidert Effi: **Eine Geschichte mit Entsagung ist nie schlimm.** (11) Dies ist gleichsam eine durch Effi selbst ausgesprochene Wertung des eigenen in Schuld und frühem Tod endenden Geschicks; **schlimm** gerade deshalb, weil sie eben der Crampas'schen Versuchung nicht entsagt.

Besondere Bedeutung wird diesem vorausdeutenden Komplex durch seine unmittelbare Verbindung mit der von Effi missachteten Gefahr von herumliegenden Stachelbeerschlusen verliehen. In der Plauderei mit den Freundinnen bringt Effi zum Ausdruck, dass den von der Mutter geäußerten Befürchtungen, auf Schlusen könne man ausgleiten und sich ein Bein brechen, kein Glauben zu schenken sei, woraufhin die gouvernantenhafte, ganz dem Schicklichen und der Konvention verpflichtete Hulda sprichworthaft – in für die handelnden Figuren nicht durchschaubarer Bedeutung – Effis Haltung verurteilt: **Man soll sein Schicksal nicht versuchen; Hochmut kommt vor dem Fall.** (11) Dieser knappe Hinweis bleibt nicht zu übersehen. Effi ist eben nicht Hulda, sie versucht ihr Schicksal, sie kommt zu Fall. Bemerkenswert scheint zu sein, dass bei einer Charakterisierung des Majors von Crampas durch die Ritterschaftsrätin von Padden – zu einem Zeitpunkt, als die Verstrickung Effis unauflösbar geworden ist – auch ihm dieses Sprichwort zugeordnet wird (193). Einen direkten Bezug zu dem letztgenannten Ereignis erhält Huldas Hinweis durch seine Verknüpfung mit dem Besuch Innstettens und der das Schicksal *ins Rollen* bringenden Verlobung mit ihm, mit der vom Erzähler gleichzeitig ein Endpunkt in der Charakterisierung Effis markiert wird. Bedeutungsschwer, fast unheilvoll mutet der Übergang vom ersten zum zweiten Kapitel an.

Der Trauermarsch zum Teich und das darauf folgende sich in Stachelbeerschlusen konkretisierende Versenken von Herthas Schuld bietet für Effi wiederum Anlass, Richtung, Verlauf und Ende ihres Daseins zu antizipieren: [...] **so vom Boot aus sollen früher auch arme unglückliche Frauen versenkt worden sein, natürlich wegen Untreue.** (16) Eine Relativierung des Gesagten verwehrt der Erzähler selbst dem unvoreingenommenen Leser dadurch, dass er Effis Klarstellung: [...] **hier kommt so was nicht vor. Aber in Konstantinopel** [...] (16) durch ihre Entgegnung auf Huldas Einwand: **Aber so was vergißt man doch wieder.** (16) mit **Ich behalte so was.** (16) entkräftet. Untreue und Tod – auf dieses Geschehen ist der Leser im ersten Kapitel vorbereitet, seine Erwartungshaltung lässt das sich anschließende Geschehen folgerichtig fast zwanghaft vor ihm ablaufen. Die Vorausdeutungen des ersten Kapitels stehen in einem engen Beziehungsgeflecht mit der Person Innstettens. Der Erzähler hat Effis Mitteilungen über ihn eng mit entscheidenden Gelenkstellen des Romans: Heirat –Untreue – Tod verknüpft. Die Konfliktträchtigkeit des Ganzen verdeutlicht sich in der von Effi **abverlangten Entscheidung** zwischen der Geborgenheit des Elternhauses und der Ehe mit Innstetten; denn während des sich dem Trauermarsch anschließenden Spiels übermittelt die Mutter ihrer Tochter die Werbung des Landrats, die begleitet wird von der vorausdeutenden Warnung in dem gewohnten Kreis zu verbleiben: **Effi, komm** (20). Die volle Tragweite dieser Warnung eröffnet sich dem Leser erst am Ende des Romans, wenn der alte Briest die gleichen Worte verwendet, um die gebrochene Effi nach Hohen-Cremmen zurückzuholen, eine tragische Ironie insofern, als jetzt der Tod als letzte Geborgenheit auf sie wartet.

Die hier an Beispielen aus dem ersten Kapitel erläuterte Kunst des Erzählers, Bedeutungsmomente des Romans miteinander zu verknüpfen, die Erwartungshaltung des Lesers durch Beziehungen herstellende Vorausdeutungen zu beeinflussen, kann im Verlauf der folgenden Kapitel weiterhin nachgewiesen werden, was an einigen willkürlich ausgewählten Begebenheiten nachprüfbar ist.

So verbindet Effi wider besseres Wissen den Ort Kessin von Anfang an mit dem kalten und entfernten Norden, woraus sich auch der Wunsch nach einem Pelzmantel erklären lässt (31 f.). Effis instinktive Erwartung von Kälte mag kaum ausschließlich auf Witterungsbedingungen zu reduzieren sein, insbesondere unter Berücksichtigung einer späteren Aussage, dass sie mit dem Eingeschneitsein ohnehin seit langer Zeit eine Vorstellung von Schutz und Beistand verbinde (175). Dieses soll ihr auch nach Meinung Innstettens Rollo gewähren und dessen Bekräftigung beim ersten Eintreffen in Kessin **Und solange du den** [Rollo,

d. Verf.] **um dich hast, so lange bist du sicher und kann nichts an dich heran, kein Lebendiger und kein Toter** (54) lassen Vorahnungen aufkommen, die sich nur allzu bald in eine fast logische Realität verwandeln. Durch seine eigene Aussage offenbart sich Innstettens Unfähigkeit, Effi bei Anfechtungen durch Lebende oder Tote Schutz zu gewähren. Effis sich dem Gespräch über Rollo anschließende Unsicherheit, verbunden mit einem Gefühl des Unheimlichen beim Anblick des Mondes über der Kessine, begegnet der Ehemann mit Lachen und reduziert die Ängste auf eine reisebedingte Nervosität (54 f.). Diese Szene verbliebe im Belanglosen, zöge hier nicht Effi selbst einen Vergleich zwischen der für sie unheimlichen Landschaft Kessins und dem ihr nicht so gespenstig erscheinenden, obwohl sich ebenfalls durch Wasser und Sumpf auszeichnenden Landstrich zwischen Mestre und Venedig.[158]

Einzeln betrachtet handelt es sich um nebensächliche Episoden, in ihrer Gesamtheit wird ihnen von dem Erzähler eine die Handlung zwar nicht vorantreibende, aber bedeutungsschwere, auf die Zukunft weisende Quaität verliehen. Jede Komponente des schicksalhaften Ablaufs kann vom Leser antizipiert werden.

So nimmt es auch kaum wunder, dass die Figur des Crampas mit einer Häufung von Vorausdeutungen auf die Katastrophe eingeführt wird. Inhaltsschwer und den ausgeprägten Schicksalsglauben Crampas' unterstreichend verläuft der Dialog zwischen diesem und dem Ehepaar Innstetten auf der Veranda des Kessiner Hauses. Crampas' Vorausdeutungen weisen offen auf das ihm bevorstehende Schicksal:

> **Es steht mir nämlich fest, daß ich einen richtigen und hoffentlich ehrlichen Soldatentod sterben werde. Zunächst bloß Zigeunerprophezeiung, aber mit Resonanz im eigenen Gewissen.** (143 f.)

Schicksal erscheint hiernach nicht als blindes Fatum, sondern ist für Crampas aus seinem psychologischen Selbstverständnis heraus bis zu einem gewissen Grade einsichtig.[159] Crampas' Annahme trifft zu, allerdings ohne die Hoffnung auf einen **ehrlichen Soldatentod** zu erfüllen. Selbst seine Zuversicht und sein Vertrauen auf Innstetten, ihm **doch wohl ein bißchen Krieg besorgen** (144) zu können, finden im übertragenen Sinne eine Entsprechung in der Realität. Innstetten verschafft Crampas die zwar anders gewünschte, aber im weitesten Sinne doch kriegerische Auseinandersetzung. Nicht ein **ehrlicher Soldatentod,** sondern Innstettens Duellpistole markiert das Ende des Majors, nicht ein bei Bismarck bestellter Krieg, sondern der erfüllte Wunsch nach Abwechslung ist der Auslöser der Katastrophe und Wegbereiter für einen Tod durch Innstetten. **Abwechslung ist des Lebens Reiz, eine Wahrheit, die freilich jede glückliche Ehe zu widerlegen scheint.** (145) Mit dieser

Aussage und der gleichzeitigen Infragestellung der Existenz glücklicher Ehen, von Effi unterstützt und lediglich eingeschränkt durch die Ausnahme der eigenen Ehe, ist die Motivation für den Ehebruch offenbar. Das Streben nach Abwechslung ist es auch, das Crampas zu durch charakterliche Dispositionen begünstigten Aktionen veranlasst, um das Schicksal zum Vollziehen herauszufordern.

Die bereits während des Gesprächs auf der Veranda angedeuteten Theateraufführungen und die Realisierung dieser Pläne, ausgedrückt durch die Vorbereitungen zu Wicherts Verwechslungskomödie *Ein Schritt vom Wege* – bereits vom Titel des ausgewählten Stückes her eine Vorausdeutung auf zukünftige Geschehen – sind ein willkommener Anlass. Die Bedeutung, einerseits auf die Aufführung des Wichert'schen Schauspiels bezogen, andererseits im übertragenen Sinne auf den Höhepunkt des Romans verweisend, wird unterstrichen durch die Feststellung des Erzählers **Der »Schritt vom Wege« kam wirklich zustande.** (167) an exponierter Stelle am Anfang eines Kapitelabschnitts.

Noch offensichtlicher als in der von Crampas forcierten Theateraufführung tritt eine Schicksalsherausforderung im siebzehnten Kapitel zutage. Durch Heine'sche Gedichte soll Effi in eine romantische Stimmung versetzt werden. Mithilfe des Einfügens dieser selbstständigen Geschichte im Gesprächsverlauf der Figuren aus dem Munde Crampas' gelingt es dem Erzähler, die eigentlichen Romanhandlung widerzuspiegeln bzw. künftiges Geschehen zu antizipieren. Durch eine verfälschte Wiedergabe wird die Ballade von »Pedro dem Grausamen« (160 ff.) in eine Liebesgeschichte umfunktioniert – einerseits ist eine Reduktion auf Crampas' Verführungsabsichten möglich, andererseits macht sie **auf das Zitaten- und Rollenwesen von Crampas aufmerksam.** [160] Der Bezug der Ballade zu dem Romangeschehen ergibt sich sowohl aus der Konfiguration der Heine-Vorlage: König – Königin – Calatravaritter (die Liebe des Calatravaritters zur spanischen Königin wird durch die Hinrichtung des Nebenbuhlers durch König Pedro gerächt), die ihre Parallelen in der Konfiguration des Romans findet: Innstetten – Effi – Crampas, als auch durch den Einbezug eines Hundes namens Rollo in das Geschehen der Ballade, was einer Entsprechung der realen Gegebenheiten um Effi, Innstetten und Crampas nur förderlich ist.[161] Effi erkennt dies und stellt die Verbindung her: **Komm, Rollo! Armes Tier, ich kann dich gar nicht mehr ansehen, ohne an den Calatravaritter zu denken, den die Königin heimlich liebte** [...] **(163).** Der tragische Ausgang der Romanhandlung ist damit gleichnishaft vorweggenommen.

Wie zuvor schon bei der Figurengestaltung, so kann auch für die zum Thema Vorausdeutung ausgewählten Beispiele festgestellt werden, dass allen zunächst belanglos anmutenden Episoden und scheinbar nebensächlichen Gesprächen die Absicht des Erzählers zugrunde liegt, der inneren Thematik des Romans zu folgen, sie zu spiegeln, vorauszudeuten, zu erhellen und Einzelkomponenten miteinander zu verknüpfen. Die Vorwegnahme eines Handlungsablaufs über selbst lange Zeiträume tut dem Interesse des Lesers am dazwischenliegenden Geschehen keineswegs Abbruch, vergegenwärtigt ihm aber immer wieder die planende Hand des allwissenden Erzählers, der in den Romanverlauf ordnend eingreift.

6 Die Person des Erzählers in »Effi Briest«[162]

6.1 Der Erzählerstandort und seine Bestimmungskriterien

6.1.1 Der Seinsbereich des Erzählers

Die erzählte Welt entwickelt sich durch Gestaltungsakte des fiktiven Erzählers, der seinerseits nicht dem Seinsbereich der von ihm erzählten Welt angehört. Der Leser erkennt diesen Sachverhalt zunächst an der Art der Er-Form-Sätze, die nur den Aspekt des Erzählens, nicht den des Erlebens der erzählenden Figur zulassen. Der Erzähler besitzt demnach zwar Person, denn er ist als **Erzählmedium**[163] vorhanden, aber die Suche nach Merkmalen der Erzählerpersönlichkeit, die zu einer wie auch immer gearteten Vorstellung des Lesers von Personalität führen könnte, bleibt erfolglos. Demnach kann der Leser ausschließlich aus seiner Vorgehensweise etwas über ihn erfahren.

Die Ausführungen zu der epischen Technik der Vorausdeutung haben bereits ergeben, dass die andeutende Vorwegnahme später eintretender Ereignisse einen alles überblickenden Erzähler voraussetzt, dessen Vorgehensweise den Handlungsablauf szenisch zu realisieren den Allwissenden hinter die handelnden Personen zurücktreten lässt und aus ihrem Blickwinkel das Geschehen entfaltet. **Er schaut in die Psyche der Personen seiner epischen Welt hinein, weiß ihre Gedanken, eilt ihnen ortsmäßig voraus, kennt ihre Absichten, vermag zeitlich und örtlich getrennte Ereignisse gleichzeitig zu schildern.**[164] Diese Erzählhaltung unterstreicht die Einheit des Werkes, verleiht allen Einzelheiten Bedeutsamkeit und Beziehung zum Ganzen.[165]

6.1.2 Die Perspektive und das Verhältnis des Erzählers zum Erzählten

Die Beziehungen zwischen dem Erzähler und den Figuren sind deutlichen Schwankungen und Veränderungen unterworfen, sowohl was das Verhältnis zu unterschiedlichen Figuren als auch die Einstellung zu einer einzelnen Figur im Verlauf des gesamten Erzähltextes anbetrifft. Die Relation Erzähler/Figur verwirklicht sich auf einzelnen Ebenen[166], die in ihrer Wirkung auf den Leser eine ganz unterschiedliche Intensität aufweisen.

Auf der *Ebene des Beobachtens und Berichtens* bleibt der Erzähler an den von außen erkennbaren Geschehensablauf gebunden. Er begleitet die Figuren durch von ihm gesetzte Räume, führt Personen zusammen und trennt sie wieder. Vordergründige Bemühungen des Erzählers um

Objektivität werden allerdings deutlich von der *Ebene des Urteils* überlagert. Mehr und mehr beeinflusst der Erzähler die Einstellungen und Erwartungen des Lesers, was sich auf diesen umso nachhaltiger und eindrucksvoller auswirkt, je verschlüsselter und verschwiegener der Erzähler seine Urteile in das Geschehen selbst hineinlegt. Dabei konzentriert er sich vor allem auf Effis innere Verfassung. In seiner besonders wohlwollenden Betrachtung dieser Figur deuten sich Ansätze einer personalen Beziehung an, die sich einmal gar in Zuneigung ausdrückt, wenn der Erzähler auf der *Ebene des Ansprechens* völlig unerwartet und für den Leser fast befremdlich Effi selbst direkt anspricht.[167]

> **Arme Effi, du hattest zu den Himmelswundern zu lange hinaufgesehen und darüber nachgedacht, und das Ende war, daß die Nachtluft und der Nebel, die vom Teich heraufstiegen, sie wieder aufs Krankenbett warfen** [...] (337)

Die erzählerische Objektivität wird zwar kurz vor der Erfüllung von Effis Schicksal im frühen Tod durchbrochen, die Unmittelbarkeit dieser persönlichen Anrede **du hattest** erscheint nicht eingeplant, bemerkenswert ist allerdings, dass sich der Erzähler noch im Verlauf desselben Satzes nahezu korrigiert, indem er wiederum in notwendiger Distanz über die Ursprünge der Krankheit berichtet und von der als warm empfundenen Anrede **du** zur unpersönlichen dritten Person Singular übergeht ([...] **sie wieder aufs Krankenbett warfen** [...]).

Das Verbleiben dieses ungewöhnlichen Elements in dem sonst so korrekturintensiven Werk lässt den Schluss zu, dass der Erzähler seine eigene Sentimentalität nicht als Widerspruch zu seinem sonstigen Bemühen um (vorgebliche) Indifferenz empfindet. Auf der *Ebene des Hineinversetzens* in eine Figur, durch die sich dem Leser eine zusätzliche – in der Realität nicht erfahrbare – Dimension eröffnet, geht der Erzähler sehr sparsam mit der Darstellung innerer Vorgänge um und auch hier beschränkt er sich wiederum fast ausschließlich auf Effi (171, 173 f., 194, 212, 234 f.). Eine ähnliche Bevorzugung der Effi-Figur ist auf der *Ebene der erlebten Rede* zu beobachten. Obwohl gerade die unbewusst einfließende erlebte Rede als eine Art Verschmelzung von Erzähler- und Figurenrede weitaus intensiver auf den Leser einzuwirken vermag als der stark appellative Charakter des inneren Monologs, macht der Erzähler von ihr nur sparsam Gebrauch (59 f., 79 f., 154 f., 164, 166, 199, 221, 227, 231, 252 f., 275, 290, 294, 310, 311). So verzichtet er teilweise bewusst darauf, die seelischen Hintergründe des Geschehens zu durchdringen und verborgene Bewusstseinsinhalte von Figuren offen zu legen.

6.1.3 Das Verhalten des Erzählers

Eine Trennung zwischen auktorialem, personalem und neutralem Erzählerverhalten lässt sich in *Effi Briest* nur an wenigen Mustern zeigen. Eine eindeutige Bestimmung ist nicht möglich, denn die Übergänge zwischen den einzelnen Formen sind fließend. Einerseits zeigt der Erzähler seine auktoriale Allgegenwart in der bewussten Strukturierung der Ereignisse, andererseits bemüht er sich konsequent um Indifferenz, was sich nicht nur in der Reduktion der erzählenden Teile zugunsten des Gesprächs in seinen vielfältigen Erscheinungsformen ausdrückt.[168]

Folgerichtig ist somit auch der Verzicht auf die Darstellung gefühlsbetonter bzw. erotischer Szenen. Effis Verlobung mit Innstetten wird nur zu Beginn des dritten Kapitels vom Erzähler umrissen (20 f.). Interessant sind die dieses Ereignis begleitenden Gespräche. Nicht der Erzähler führt uns durch einen Bericht in die Person Innstettens ein, bereits in der Eingangsszene wird in Rede und Gegenrede von Effi zu ihren Freundinnen die Vergangenheit Innstettens vor dem Leser entfaltet (11 ff.) und die Freundinnen sind es auch wieder, denen Effi ihre Empfindungen nach der geschehenen Verlobung im Dialog darlegt (22 f.), die noch durch eine Unterhaltung mit der Mutter nach Ankunft eines Briefes von Innstetten ergänzt werden (35 f.). Diese Dialoge beleuchten kaum nur aktuelles Geschehen, sie vermitteln gleichsam tiefere Einblicke in noch unbekannte Gefahren und in noch verborgene Schicksalszusammenhänge.

Das entscheidende Geschehen, die Hochzeit, bleibt fast völlig ausgespart (41 ff.), das Duell wird nur mit knappen Sätzen bedacht (279). Das Schwergewicht liegt grundsätzlich auf vorbereitenden und reflektierenden Gesprächen.[169]

Die Sorgfalt, die der Autor bei der Psychologisierung solcher Dialoge walten lässt, und das Bewusste bei der Arbeit an der Ausgestaltung der Psyche seiner fiktiven Charaktere kann Josef Thanner in seinen Ausführungen **zur realistischen Darstellungsweise**[170] an zwei Begebenheiten aus dem siebenundzwanzigsten Kapitel (266 ff.) durch Rekonstruktion der ersten Niederschrift und Vergleich mit der endgültigen Fassung nachweisen. Thanner gesteht zu, dass eine derartig beabsichtigte Perfektion in der Dialogführung in diesen exponierten Szenen des Romans – es handelt sich um das dem Auffinden der verräterischen Briefe folgende und dem Duell vorausgehende Gespräch zwischen Innstetten und Wüllersdorf – verständlich erscheint, vermag aber gleichzeitig durch das Zitieren anderer Beispiele unter Beweis zu stellen, dass auch in weniger wesentlich erscheinenden Gesprächen nichts der Willkür überlassen bleibt und die genaue Festlegung der Charaktere im Gespräch einheitlich durchgeführt ist.[171]

Die sparsame Schilderung von Höhepunkten im Roman findet ihren konsequentesten Niederschlag im Aussparen der eigentlichen Ehebruchshandlung. Der Verzicht auf die Darstellung erotischer Szenen mag einerseits darin begründet liegen, dass die Liebe Effis zu einem anderen Mann in diesem Roman eine thematisch unwesentliche Rolle spielt[172] und auch in weiteren Szenen nur gestreift wird. Mögliche Treffen Effis mit Crampas deuten sich größtenteils nur indirekt an.[173] Andererseits dokumentiert der Verzicht die umfassende Diskretion FONTANES. Das bewusste Vermeiden von Geschmacklosigkeiten kann auch in anderen Romanen verfolgt werden.[174]

Gegen Vorwürfe die andeutende Methode zu übertreiben verteidigt sich FONTANE in einem Brief vom 12. Juni 1895:

> [...] Daß ich die Sache im Unklaren gelassen hätte, kann ich nicht zugeben, die berühmten *Schilderungen* (der Gipfel der Geschmacklosigkeit) vermeide ich freilich, aber Effis Brief an Crampas und die mitgetheilten 3 Zettel von Crampas an Effi, die sagen doch alles.[175]

Aufschluss vermittelt wiederum nicht der Erzählerbericht, sondern ein schriftlicher Dialog; die Briefe, die hier das Geschehen nicht nur beleuchten, sie sind das Geschehen gar selbst.[176]

Dann allerdings kann ein vereinzeltes Eingreifen und Korrigieren des Erzählers festgestellt werden, wenn sich bestimmte Zusammenhänge für den Leser nicht mehr anders erschließen lassen. Dass diese Klärung nicht Stellungnahme, nicht Kommentar und keine Reflexion beinhaltet, soll an folgendem Beispiel veranschaulicht werden.

Effis weitgehendes Desinteresse beim Einkauf ihrer Aussteuer als Anlass für eine Berlin-Reise, ihre Kritiklosigkeit gegenüber Menge, Qualität und Kosten der zu besorgenden Gegenstände wird von der Mutter im positiven Sinne mit Bescheidenheit und Anspruchslosigkeit interpretiert:

> Effi ist anspruchslos; sie lebt in ihren Vorstellungen und Träumen, und wenn die Prinzessin Friedrich Karl vorüberfährt und sie von ihrem Wagen aus freundlich grüßt, so gilt ihr das mehr als eine ganze Truhe voll Weißzeug. (26)

Hier muss der Erzähler korrigierend eingreifen; denn Frau von Briest beleuchtet lediglich die Gleichgültigkeit gegenüber den Anschaffungen für die Ehe in Kessin. Der damit korrespondierende gefährliche Hang zum Besonderen muss vom Erzähler zum Ausdruck gebracht werden:

> Ja, sie konnte verzichten, darin hatte die Mama recht, und in diesem Verzichtenkönnen lag etwas von Anspruchslosigkeit; wenn es aber ausnahmsweise mal wirklich etwas zu besitzen galt, so musste dies immer was ganz Apartes sein. Und *darin* war sie anspruchsvoll. (26)

Von dem Leser wird durch das wechselhafte Verhalten des Erzählers eine ständige Umorientierung verlangt, da sich doch die Perspektive des allwissenden Erzählers bei auktorialem Verhalten ganz erheblich von der beschränkten Sichtweise einer Figur unterscheidet, wenn der Erzähler personales Verhalten zeigt. Der entscheidende Schritt von der Allgegenwart zur Abwesenheit des Erzählers erfolgt vor allem in der Dialogregie. Der Verzicht auf Inquit-Formeln drückt neutrales Erzählerverhalten aus; denn nun fühlt sich der Leser der Unmittelbarkeit einer sich selbst entlarvenden Situation und den widersprüchlichen Grundhaltungen von Figuren ausgeliefert. Die gewollte, gezielte und geplante, aber jetzt ganz verschwiegene Lesersteuerung findet bei neutralem Erzählerverhalten auf einer für den Leser nicht mehr fassbaren Ebene statt.

6.2 Der Erzählerstandpunkt

Der Erzähler verlagert die Wiedergabe seiner erzählten Welt vorwiegend in das Figurengespräch.[177] Ihm verbleibt demnach die Aufgabe, die Selbstdarstellung der Personen durch das Gespräch zu ermöglichen, durch das Schaffen von Überleitungen, das Überbrücken von Zeiträumen, das Skizzieren von Situationen, das Zusammenführen der Figuren. Auch bleibt die bewusste Strukturierung des Ereignisverlaufs durch den Erzähler zu erkennen und konsequent verfolgt er das Prinzip der Indifferenz unter Verzicht auf Kommentar und eigene Reflexion – selbst im Rahmen widerspruchsvoller Handlungen wie Ehebruch und Duell bleibt ein moralisierendes Eingreifen des Erzählers aus. Allerdings geben die Gespräche nur scheinbar die Bewusstseinsinhalte der Figuren wieder, sie verraten gleichermaßen die höhere Bewusstseinsebene des Erzählers. Und trotz seiner Distanz bietet er allein durch die Kontrastierung der Figurenkonstellation (Effi – Innstetten – Crampas, Frau von Briest – der alte Briest, Johanna – Roswitha, Gieshübler – der Kessiner Landadel) dem Leser eine mehr oder weniger verborgene Wertung an.[178] Auch wird durch die überwiegende Darstellung des Geschehens aus Effis Perspektive eine Identifikation des Lesers mit ihr gefördert und gleichzeitig ein Vergehen gegen Ordnung und Sitte einer Gesellschaftsschicht relativiert, deren beim Leser kaum Sympathien erweckende, der Ordnung gehorchende Ehrenmänner diese Ordnung **als höchst problematische Übereinkunft in Frage stellen.**[179]

Indem nun der Erzähler gerade darauf verzichtet, seine Welt in direkter Form zu gründen, vielmehr diese Schöpfung dem Gespräch der Figuren überlässt, setzt er den Leser der subjektiven Interpretierbarkeit scheinbar objektiver Gegebenheit aus. So lässt sich bereits auf der formalen Ebene der Vorgehensweise des Erzählers die Fragwürdigkeit verbindlichen Urteilens thematisieren. Diese Art und Weise des Erzählens manifestiert sich besonders häufig in den Brechungen, in denen derselbe Sachverhalt durch die Darstellung aus unterschiedlichen Perspektiven oder in mannigfaltigen Lebenslagen einer Figur erscheinen kann. Durch wiederholtes Infragestellen selbst vordergründig schlüssiger Urteile verbirgt sich die Absicht des Erzählers, den Leser zu einer skeptischen Beweglichkeit aufzurufen und in ihm ein Verständnis von Realität zu wecken, in der die Existenz letzter Wahrheiten zumindest angezweifelt werden muss. Werthaltungen und in ihnen gründende Verhaltensweisen und Handlungen von Personen ereignen sich immer in einer historisch-sozialen und politischen Welt, aus der es keine Fluchtmöglichkeiten gibt. Diese Welt ist der Bedingungsrahmen für jede menschliche Existenz und der Erzähler macht eindringlich sichtbar, dass es **von der Wirklichkeit der Gesellschaft wie von nichts anderem abhängt, wie es den Menschen ergeht.**[180]

6.3 Die szenische Darstellungsmethode

Die Untersuchung eines Beispiels der szenischen Darstellungsweise bei Fontane soll veranschaulichen, dass es hier nicht allein um die Unmittelbarkeit des Handlungsmoments oder gar um Objektivität geht.[181] Indem der Erzähler das entscheidende Ereignis, Effis Begegnung mit der Spukgestalt im landrätlichen Haus in Kessin, nicht schildernd darbietet, sondern durch Wechsel von sparsamem Erzählerbericht und szenischem Ablauf durch Auf- und Abtreten von Personen gestaltet, können **einige Romangestalten sprechend [...] und reflektierend zwischen den Leser und die Begebenheiten** [...][182] gestellt werden. Die präzisen Zeitangaben des Erzählers lassen das ausschließlich aus der Perspektive der Figuren präsentierte zentrale Geschehen umso weniger fassbar für den Leser erscheinen. Die dadurch entstehende Unsicherheit soll im Folgenden verdeutlicht werden.

Der zweite Absatz des neunten Kapitels, der Effis erstmaliges Alleinsein in dem ihr unheimlichen Haus im Verlauf eines Abends und einer Nacht zum Inhalt hat, beginnt mit einer exakten zeitlichen Fixierung: **Das war am 2. Dezember.** (78) Sie wird im nächsten Abschnitt durch ein weiteres Datum ergänzt: **Zum 14. erfolgte die erste Einladung.** (79) Uneindeutig bleibt in diesem Zusammenhang der Ausspruch des Erzählers – **Arme Effi.** (79) – unmittelbar nach Innstettens Abschied vor seiner zwölfstündigen Abwesenheit. Da sich ohne Nachsatz die Frage anschließt: **Wie sollte sie den Abend verbringen?** (79), bleibt unklar, ob es sich hier – wie in unserem vorhergehenden Kapitel näher erläutert – um eine direkte Anteilnahme des Erzählers an Effis seelischer Verfassung handelt oder ob hier lediglich der Zustand der Alleingelassenen festgelegt werden soll. Selbst die Möglichkeit der erlebten Rede ist nicht ausschließbar. Der Erzähler informiert anschließend über Effis Versuche, die Zeit durch Zerstreuung zu überbrücken. Beinahe unmerklich ist der Übergang zu Monologen, die Effis psychische Verfassung zum Ausdruck bringen, indem sie immer wieder die Grenzen aufzeigen, die dem Bemühen um eine Bewältigung der Angst vor der unheimlichen Umgebung gesetzt sind. Der Besuch bei der ihr Anteilnahme einflößenden gemütskranken Frau Kruse wird von dieser mehr als Störung empfunden; der Versuch auf dem Flügel zu spielen scheitert; ein zur Hand genommenes, unverfängliches Reisehandbuch, von dem sie sich Ablenkung verspricht, bewirkt eher das Gegenteil, indem es über das Bild einer **weißen Frau,** einer Geistererscheinung, in der Eremitage, einem markgräflichen Lustschloss in der Nähe von Bayreuth, informiert. Effi liest [...] **die Geschichte von der *weißen Frau,* vor der ich mich gefürchtet habe, solange ich denken kann.** (81) Die von Effi gelesenen Passagen zu dieser Geistererscheinung schaffen bei ihr *günstige* Voraussetzungen für die anschließende Begegnung mit dem Chinesenspuk; sie stellen eine Vorwegnahme oder zumindest Vorbereitung auf künftiges Geschehen dar.

Erheiterung versprechende Rückbesinnung auf den Polterabend führt zu resignativen Betrachtungen und der Einsicht, dass nicht sie selbst, sondern die eigene Mutter die Voraussetzungen erfüllt hätte, die ein Leben in Kessin abverlangt.

Effis Monologe werden durch das Eintreten des Dieners unterbrochen und das von Effi gewünschte Erscheinen Johannas markiert einen Einschnitt im Geschehen; denn nunmehr wird Johanna von Effi um die Aufgabe eines Briefes gebeten – eine Begebenheit, die Gelegenheit zur Spiegelung von Effis Situation im Gespräch zwischen Johanna und der Paaschen bietet. Dem Leser bereits Bekanntes wird hier durch Romanfiguren nochmals reflektiert. Eine genaue Zeitangabe des Erzählers führt Johanna zu Effi zurück.

Sowohl Effis Monologe als auch dieser Dialog sind Vorstufen zum eigentlichen Geschehen. Ebenso ist das sich anschließende Gespräch Effis mit Johanna zu verstehen, in dem Effis große Sehnsucht und das ganze Ausmaß ihrer Einsamkeit und Angst ausgebreitet werden, gleichsam eine Steigerung der vorangegangenen Szene. Wenn auch Johanna Effi mit der Bemerkung zu beruhigen versucht, **Ach, das gibt sich, gnäd'ge Frau, die hatten wir alle** (85), so erscheint die Situation umso verwirrter, da die Ursache der Angst ungeklärt bleibt. Das Phänomen als solches ist damit existent und offen für die Überleitung des Erzählers zum eigentlichen Geschehen:

Effi schlief eine Weile ganz fest. Aber mit einem Male fuhr sie mit einem lauten Schrei aus ihrem Schlafe auf, ja, sie hörte selber noch den Aufschrei und auch wie Rollo draußen anschlug; – ›wau, wau‹ klang es den Flur entlang, dumpf und selber beinah ängstlich. Ihr war, als ob ihr das Herz stillstände; sie konnte nicht rufen, und in diesem Augenblicke huschte was an ihr vorbei, und die nach dem Flur hinausführende Tür sprang auf. Aber ebendieser Moment höchster Angst war auch der ihrer Befreiung, denn statt etwas Schrecklichem kam jetzt Rollo auf sie zu, suchte mit seinem Kopf nach ihrer Hand und legte sich, als er diese gefunden, auf den vor ihrem Bett ausgebreiteten Teppich nieder. (86)

Fast ausschließlich objektiv Wahrnehmbares wird hier geschildert. Effis eigenes Erleben erfahren wir nach einer erneuten Zeitangabe [...] **und keine halbe Minute, so war Johanna da** [...] (86) aus ihrer Perspektive:

Ich schlief ganz fest, und mit einem Male fuhr ich auf und schrie [...] vielleicht, daß es ein Alpdruck war [...] Alpdruck ist in unserer Familie [...] ich fuhr also auf aus dem Schlaf und schrie, und als ich mich umsah, so gut es eben ging in dem Dunkel, da strich was an meinem Bett vorbei, gerade da, wo Sie jetzt stehen, Johanna, und dann war es weg. Und wenn ich mich recht frage, was es war [...] ich mag es nicht sagen, [...] aber ich glaube der Chinese. (87)

Ein klärendes Wort durch den Erzähler bleibt aus. Die Ungewissheit der Figuren überträgt sich auf den Leser, das Öffnen der Tür, Rollos Verhalten – die Ereignisse bleiben unbestimmt und zweideutig. Selbst wenn sie von Johanna auf ein traumartiges Erlebnis reduziert werden, bleibt zumindest das Verhalten des Hundes rätselhaft.

Die Doppeldeutigkeit des Geschehens wird des Weiteren unterstützt durch die widersprüchlichen Äußerungen Innstettens in den sich anschließenden Dialogen im zehnten Kapitel. Tut er im Gespräch mit Johanna die Spukerscheinung noch als Unsinn ab, so vermag er ihr eine halbe Stunde später Effi gegenüber gar positive Komponenten abzugewinnen, indem er das Auftreten von Spuk als Vorzug adliger Häuser klassifiziert, ihr zuvor die Bitte ablehnend, sie nicht wieder allein zu lassen oder das **verwunschene Haus** überhaupt aufzugeben. Ablehnung **Unsinn,** [...] **Immer wieder das alberne Zeug** (89), Unbestimmtheit **Es ist eine Sache, die man glauben und noch besser nicht glauben kann** (92) und schließlich Bejahung **Spuk ist ein Vorzug** (92) kennzeichnen Innstettens Haltung, die der Vereinsamung und Isolation Effis nur zuträglich ist.

Mangels eines Erzählerkommentars muss der Leser **selbst sehen, wie die Dinge liegen**[183] – so schwebend sie in ihrer Bedeutung auch immer sein mögen.

Konkretes Geschehen im eigentlichen Sinne lässt diese zwei Kapitel umfassende Szenenfolge vermissen. Der Akzent der Darbietung liegt nicht in der Präsentation von Handlung, sondern in einer subtilen Vorbereitung und Reflexion eines psychischen Vorgangs durch im Gespräch bzw. Monolog wiedergegebene Bewusstseinsinhalte der Romanfiguren.[184]

7 Sprachliche Merkmale des Romans

7.1 Das Realismus-Problem und der Fontane-Stil

Die Hinwendung des Erzählers zur Humanität, sein Bemühen um Distanz und um Diskretion, seine Furcht vor Pauschalierungen und sein Zweifel an für unumstößlich gehaltenen gesellschaftlichen Normen, sein Menschlichkeit und Weisheit ausstrahlender Humor – dies alles sind Kategorien, die den Roman *Effi Briest* so unverwechselbar erscheinen lassen. Der Roman wurde zu einer Zeit geschrieben, in der starke naturalistische Strömungen die Epoche des Realismus bereits zu verdrängen begannen. Wenn nun gerade *Effi Briest* als **Prototyp** des realistischen Romans schlechthin[185] gelten kann, stellt sich die Frage: Was ist das typisch Realistische an diesem Roman? Und wenn man nun Stil als **Gesamtheit der sprachlichen Erscheinungen**[186] definiert, so ist nach dem typisch realistischen Stil in *Effi Briest* zu fragen.

Die in der Realismus-Diskussion angestrengten Bemühungen um eine eindeutige Realismus-Definition zeigen, dass diesem Begriff letztlich nur eine programmatische Bedeutung als Kennzeichnung einer historischen Epoche der Literaturentwicklung zukommt. Diese Epoche erstreckt sich über ein halbes Jahrhundert. In ihm kündigen sich fundamentale politische, wirtschaftliche, gesellschaftliche und soziale Umstrukturierungen an und beginnen auch bereits, sich auf das Leben des Einzelnen auszuwirken. Natürlich wird ein Schriftsteller in seinem Schaffen von diesen Umwandlungen beeinflusst. Da derartige Veränderungen letztlich nur die unvermeidliche Konsequenz eines Bewusstseinswandels darstellen, ergibt sich, dass der Stil des Romans *Effi Briest* auch als Resultat eines Bewusstseinswandels des Autors/Erzählers zu verstehen ist. Es mag nicht gelingen, dieses Werk nach Kriterien des Programm-Realismus der fünfziger Jahre des 19. Jahrhunderts zu beurteilen, dem allerdings die ersten Chroniknovellen Fontanes noch weitgehend verhaftet sind.[187]

Veränderte Einstellungen erfordern einen veränderten Stil. In *Effi Briest* drückt sich das in der Verlagerung der Perspektive in das Innere der Figuren aus, in einer psychologischen Durchdringung der Dialoge, in einer erhöhten sprachlichen Bewusstheit, die sich weniger auf das konkrete Geschehen, sondern vielmehr auf das *Wie* des Vollzugs konzentriert, und in einer von Skepsis und Zweifel durchzogenen, aber von Humanität getragenen Einstellung vor allem zu den *kleinen Dingen des Lebens.*

7.2 Das Gespräch als prägendes Element des Erzählvorgangs

Ein alle späten Romane FONTANES bestimmendes Strukturelement ist der Dialog in seinen vielfältigen Erscheinungsformen. Dieser als *Gesprächsstil* gekennzeichneten, auffälligsten stilistischen Komponente wurden von allen möglichen Stilkategorien die meisten Analysen gewidmet.[188]

Scheint sich der Roman *EFFI BRIEST* zunächst der Fabel, die sicherlich dem Interesse eines weiten Publikums entgegenkommt, verschrieben zu haben, so zeigt sich bei genauerer Betrachtung, dass nicht der eigentliche Erzählvorgang, sondern die Dialoge den epischen Zusammenhang schaffen, für den der Erzählerbericht lediglich ein Gerüst aufbereitet.

Das Gespräch in seinen unterschiedlichen Funktionen rückt stets den Menschen in den Mittelpunkt des dargestellten Geschehens, sei es durch das gewählte Wort eines Menschen, das reflektierende Wort über einen Menschen, das Anteil, Ablehnung oder Indifferenz ausdrückende Wort zwischen Menschen, oder sei es gar durch Schweigen. Kein noch so differenzierter und auf Zwischentöne angelegter Erzählerbericht vermöchte zu leisten, was durch die Perfektion der Dialogführung in *EFFI BRIEST* verwirklicht wird; und diese Aussage bezieht sich sowohl auf die inhaltliche als auch auf die kompositorische Bedeutung des Gesprächs. Letzterem kommt in den Expositionskapiteln des vorliegenden Romans eine Vergangenheit, Gegenwart und auch bereits Zukunft umschlingende Qualität zu. Besonders bemerkenswert mag der Umstand erscheinen, dass der Erzähler bereits das erste Kapitel, in dem neben dem Zeit- auch das Raumgerüst geliefert und ebenfalls mittels der direkten und indirekten Einführung der Hauptfiguren der Handlungsverlauf an- bzw. vorausgedeutet wird, zu sechzig Prozent von Dialogen tragen lässt. Aus eng aufeinander folgenden, an einem Tag stattfindenden und drei Kapitel füllenden, zum Teil belanglos anmutenden Gesprächen ergeben sich wesentliche Charakterisierungen der Hauptfiguren (z. B. Effi als **Tochter der Luft** (9), Baron von Innstetten, **schneidig** und ein von Bismarck geschätzter **Landrat im Kessiner Kreise** (14), Frau von Briest als eine auf Stand und Position ausgerichtete Frau und Mutter (13 ff., 19 f.), Herr von Briest als Ritterschaftsrat ohne **Sinn und Merk für hohe und höchste Vorgesetzte** (23). Beziehungen zwischen den Figuren werden aufgezeigt (die Jugendliebe zwischen Frau von Briest und Innstetten) und Konfliktmöglichkeiten der durch die Verlobung beschlossenen Verbindung angedeutet (physische und psychische Divergenzen in Form von Altersunterschied und seelischen Grundhaltungen), die auch wieder durch einen längeren Dialog zwischen Mutter und Tochter im letzten Absatz des vierten Kapitels (32 ff.) und eine die Hochzeit und die Hochzeitsreise des jungen Paares reflektierende Unterhaltung der Eltern Briest im fünften Kapitel (41 ff.) eine weitere Untermauerung erfahren.

Folgt man der sich mit der Ankunft in Kessin zu Anfang des sechsten Kapitels abrollenden Handlungsschnur bis zum Ende des Romans, so ergibt sich[189], dass

- die Erschließung neuer räumlicher Gegebenheiten im weitesten Sinne (49 ff. die Ankunft in Kessin, 183 f. der Schloon),
- die Erweiterung des Personenkreises (120 ff. Effi teilt ihrer Mutter brieflich die Ankunft des Bezirkskommandeurs Crampas mit, 127 ff. die Einstellung Roswithas),
- das Aufdecken persönlicher Beziehungen zwischen den Romanfiguren (89 ff. Streitgespräch zwischen Innstetten und Effi über den Spuk, 268 f. Innstetten findet die Briefe Crampas' an Effi),
- die Ausmalung und Verlebendigung einzelner Situationen oder Darstellung äußerer Ereignisse (95 ff. Ausflug zum Gasthaus *Zum Fürsten Bismarck*, 315 ff. Wiedersehen mit Annie),
- die Einblicke in die psychische Verfassung, die Wünsche, Strebungen, Ängste und Motive der Figuren (82 ff. Effi gesteht Johanna ihre Angst, 150 ff. Crampas verwickelt Effi in ein Gespräch über Innstetten),
- die Verdichtung der Atmosphäre und die zunehmende Verstrickung der Hauptfiguren (87 ff. Effi berichtet Johanna über die Erscheinung des Chinesen, 155 ff. Effis letzter Ausritt mit Crampas).
- die Vorbereitung und Offenlegung der Katastrophe (212 ff. Effi und Innstetten planen den Umzug nach Berlin, 269 ff. Gespräch zwischen Innstetten und Wüllersdorf nach dem Fund der Briefe),
- die Lösung des Konflikts (275 ff. Innstetten und Wüllersdorf fahren zum Duell, 303 ff. Wiedersehen zwischen Effi und Roswitha nach der Trennung von Innstetten),
- die Reaktionen auf Verhalten (187 ff. Innstetten warnt Effi vor Crampas, 294 ff. der elterliche Brief nach dem Fund der Briefe),
- der Ausklang und das Resümee (337 ff. Effis Versöhnung mit **Gott und Menschen** vor ihrem Tode, 341 f. Gespräch der Eltern nach Effis Tod)

jeweils in Dialogen mit wechselnden Gesprächsgruppierungen – in Einzelfällen auch in Briefen – vollzogen werden, deren Inszenierung dem Erzählerbericht vorbehalten bleibt. Die zeitliche Handlungskette ist keineswegs kurz, nur selten wird ihr durch summarische Erzählereingriffe der organische Zusammenhang verliehen. Ein auffälliges Merkmal der Erzählhaltung ist die Aussparung von für unwesentlich gehaltenen Zeiträumen, wobei resümierende und reflektierende Gespräche der Aufarbeitung erzählerisch nicht berücksichtigter Geschehensabläufe dienen.

Mag zunächst Gleichmäßigkeit bei der Verteilung der Anteile von Erzählerbericht und direkter Rede bezogen auf die Gesamtergebnisse der Erzählblöcke von eins bis fünf auffallen – sie findet ihre Entsprechung nicht zuletzt in dem symmetrischen Aufbau des Romans –, so lässt doch die Betrachtung der Ergebnisse einzelner Kapitel offensichtlich werden, dass Kapitel mit bedeutungsvollem Inhalt über einen überdurchschnittlich hohen Gesprächsanteil verfügen, so z. B. Kapitel 10, in dem u. a. nach der Mitteilung Johannas an Innstetten über Effis Erlebnis mit dem Chinesen ein Streitgespräch zwischen den Ehepartner stattfindet, in dessen Verlauf wesentliche Charakterdispositionen Innstettens offengelegt werden, die für den weiteren Geschehensablauf von ausschlaggebender Bedeutung sind (z. B. Innstetten als ein auf die Gesellschaft Rücksicht nehmender Erzieher seiner Frau). Rechnet man zu dem Anteil von direkter Rede von 81,5% noch den der Briefe mit 4,2% hinzu, so zeigt sich, dass der Erzähler sich lediglich 14,3% der Erzählzeit zur eigenen Gestaltung, d. h. zur Inszenierung der Gespräche vorbehält.

Es ist festzustellen, dass sich nahezu alle Gelenkstellen des Romans durch einen ähnlich zurückhaltenden Erzähler auszeichnen, was durch einige wenige Beispiele nachgewiesen werden kann:

- der Rückblick auf die Hochzeit und den Polterabend in Kap. 5, 78,0% Dialoge (hier mit den Briefen),
- die Ankunft in Kessin in Kap. 6, 64,0% Dialoge,
- der erste Morgen in Kessin in Kap. 7, 76,8% Dialoge,
- Effis Begegnung mit dem Chinesen in Kap. 9, 62,3% Dialoge,
- Innstetten, Effi und Crampas auf der Veranda in Kap. 15, 68,7% Dialoge,
- Effis Ausritt mit Crampas in Kap. 17, 70,7% Dialoge.

Diese Erzählhaltung manifestiert sich nicht zuletzt darin, dass wenig gesprächsintensive Kapitel über relativ hohe Briefanteile verfügen, einer dem Gespräch verwandten Kommunikationsform, so z. B. Kap. 12 (49,2%), 13 (14,1%), 22 (12,2%), 31 (37,3%) und 34 (10,7%).

7.3 Kompositorische Aspekte der Gespräche

Auf der Ebene der direkten Rede gelingt es dem Erzähler, an Raum und Zeit gebundene Vorgänge der Erzählgegenwart zu überlagern oder aufzufächern, Vergangenheit zu reflektieren, Zukunft zu antizipieren oder aber Verbindungslinien zwischen bestimmten Ereignissen herzustellen. Die Gespräche der Figuren lassen sich zu kompositorischen Kategorien unter Berücksichtigung ihrer Eingebundenheit in thematische Grundstrukturen zusammenfassen:

- die Expositionsgespräche (d. h. Gespräche, die auf bestimmte Konstellationen des Romans verweisen, bevor diese sich in Handlungen ausgewirkt haben, in dem vorliegenden Roman besonders zu verstehen als Gespräche über Figuren, die noch nicht direkt in Erscheinung getreten sind, z. B. 11 ff.: Effi erzählt ihren Freundinnen etwas über Innstetten),
- die Begleitgespräche (d. h. Gespräche, die in einem unmittelbaren Zusammenhang mit einer Handlung stehen oder diese begleiten und vorantreiben, z. B. 148 f.: Ausritt Innstetten, Effi, Crampas),
- Reflexionsgespräche (d. h. Gespräche, in denen sich Personen mit bereits vollzogenen Handlungen auseinandersetzen, z. B. 42 ff.: die Eltern Briest reflektieren die Verbindung zwischen ihrer Tochter und Innstetten),
- die Vorausdeutungsgespräche (d. h. Gespräche, in denen in direktem oder übertragenem Sinne auf die Katastrophe oder ihre Auswirkungen verwiesen wird, z. B. 141 ff.: Effi, Innstetten und Crampas auf der Veranda des landrätlichen Hauses in Kessin),
- die Tagesgespräche (d. h. Gespräche, die sich weniger mit dem Thema des Romans beschäftigen, sondern sich vielmehr scheinbar oberflächlich auf allgemein interessierende Probleme des Lebens oder zeitbedingte Tagesereignisse konzentrieren, dabei aber gleichzeitig Einblicke in die jeweilige Verfassung der Gesprächspartner erlauben, z. B. 76 f.: Innstetten politisiert mit dem alten Güldenklee).

Nach jedem Gespräch befinden sich die Figuren in einem anderen Zustand, ihre Beziehungen zueinander haben sich gewandelt, ihre Ausgangslage für Handlungen oder Verhalten ist modifiziert worden, ihr Charakterbild wird durch einen neuen Mosaikstein ergänzt, korrigiert, dies nicht zuletzt durch einen vom Erzähler verliehenen Sprachstil, der, wenn er auf Situation und psychische Verfassung des Sprechenden abgestimmt ist, einer differenzierteren Charakteranalyse des Betroffenen zuträglich ist.

7.4 Andere Redeweisen und Briefe als Darstellungsmittel

In allen erwähnten Gesprächen erkennt der Leser die deutliche Bevorzugung von Einzeldialogen vor Mehrpersonengesprächen oder sich aus ihnen entwickelnden Detaildialogen. Ergeben sich aber doch einmal Mehrpersonengespräche, so sind sie nicht auf bloßes Parlieren reduziert, niemals nur schmückendes Beiwerk. An der Oberfläche dem Augenblicksgeschehen verhaftet ist ihre Bindung an Effis Belange immer spürbar. Dies trifft auch auf die übrigen Redefomen zu, deren sich der Erzähler im Vergleich zum Dialog nur sehr eingeschränkt bedient.

Die Verwendung des inneren Monologs kommt fast ausschließlich Effi zu. Unbeeinträchtigt durch die Vermittlung des Erzählers erlebt der Leser mit ihr, durch sie und aus ihr heraus, insbesondere in den Augenblicken, in denen sie in Ermangelung eines Gesprächspartners keine Möglichkeit sieht, ihre Gefühle und ihre Bedrängnis zum Ausdruck zu bringen (80 ff., 126 f., 155, 234). Effis seelische Not überträgt sich in nahezu verselbstständigender Form auf den Leser und so unterstützt der innere Monolog wiederum das ohnehin schon vorhandene Verständnis des Lesers für Effi. Über sie weiß er mehr als über alle anderen Figuren und mehr wissen ist hier gleichbedeutend mit mehr verstehen. Demzufolge erscheint es auch konsequent, wenn der Erzähler die seiner ordnenden und auswählenden Funktion unterliegende indirekte Rede und den Redebericht, die beide ein unmittelbares Erleben des Lesers ausschließen und auf Distanz angelegt sind, nicht in Anspruch nimmt, wenn Effi betroffen ist (21, 40, 41).

Neben dem Gespräch, dem Monolog und auch der indirekten Rede und dem Redebericht ist die Verwendung von Briefen ein weiterer Versuch des Erzählers, eine objektive Weltsicht durch breite Auffächerung der Perspektiven vorzutäuschen. Er benutzt vor allem die Empfangssituationen von Briefen, die entweder durch den Akt des Überbringens eine besondere Akzentuierung erfahren oder aber den Gesprächen, die zwischen dem Erhalt eines Briefes und dem Bekanntwerden seines Inhalts geführt werden, spannungssteigernde Elemente verleihen (34 ff., 287 ff., 329, 331 und 113 ff., 119 ff., 219, 233 f., 297 ff.). Briefe sind Effis letzte Möglichkeit sich mitzuteilen und Briefe werden schließlich auch zum Auslöser der sich um sie entwickelnden Katastrophe: Bar jedes situativen Bezugsrahmens beginnen sich die geschriebenen Worte Crampas' zu verselbständigen und setzen mit Innstettens Zutun einen Prozess in Gang, den er in Anbetracht der räumlichen und zeitlichen Distanz zur Schreib- und Empfangssituation nicht öffentlich hätte machen dürfen (266 ff.). Das diesen Briefen durch ihn gewährte Eigenleben zerstört auch sein Glück.

7.5 Die Erzählersprache und die Sprache der Figuren

Theodor Fontane schreibt im Oktober 1889 an Friedrich Stephany:

Der Realismus wird ganz falsch aufgefaßt, wenn man von ihm annimmt, er sei mit der Häßlichkeit ein für allemal vermählt. Er wird erst ganz echt sein, wenn er sich umgekehrt mit der Schönheit vermählt und das nebenherlaufende Häßliche, das nun mal zum Leben gehört, verklärt hat. Wie und wodurch? Das ist seine Sache zu finden. Der beste Weg ist der des Humors.[190]

Dieser Humor ist ein prägendes Stilmerkmal in *Effi Briest,* denn er

hat das Darüberstehn, das heiter-souveräne Spiel mit den Erscheinungen dieses Lebens, auf die er *herab*blickt, zur Voraussetzung[191]. Als ein Vertreter dieses so verstandenen Humors stellt sich Herr von Briest dar. Idealtypisch vereint er in sich ein mitfühlendes Verständnis für das Menschliche und eine von Skepsis durchzogene kritische Distanz von dem, **was sich ›Gesellschaft‹ nennt** (295), beides getragen von einer an Widerspruch und Doppeldeutigkeit grenzenden Lebensauffassung. Nicht ohne Absicht lässt der Erzähler Briest das erste Mal zusammen mit Innstetten in einem Gespräch in Erscheinung treten, nachdem er zuvor lediglich als jovialer, mit einem frivolen Zug behafteter Brautvater eingeführt wurde (21), wobei er ihm unmittelbar die Möglichkeit einer Selbstdarstellung bietet. Bereits hier erweist er sich als ein in gesellschaftlichem und menschlichem Sinne verstandener Gegenpol zu Innstetten. Briest verbindet die Schilderung der Vorzüge seines ritterschaftsrätlichen Lebens mit der Äußerung von allerlei Antibeamtlichem, wofür er sich – diese Kritik äußerlich entkräftend – **mit einem kurzen, verschiedentlich wiederkehrenden ›Pardon, Innstetten‹** (23) entschuldigt. Dieser Relativierung gesellschaftlicher Position folgt anlässlich der Polterabendaufführung des *Käthchen von Heilbronn* unter Hinzudichtung einer **verschämten Nutzanwendung auf Effi und Innstetten** (29)[192] durch Pastor Niemeyer ein Zurechtrücken der Familienverhältnisse der Innstettens und der Briests, die im Gegensatz zu den Innstettens eine historische Familie und **schließlich auch nicht von schlechten Eltern** (29) seien.[193] Eine Entschuldigung bei seiner wesentlich standes- und sprachbewussteren Frau für den Berolinismus geht dieser Äußerung voraus.

Trotz der Zugeständnisse an seine Frau bewältigt Briest unterschiedliche Situationen seines Lebens mit doppeldeutigen Anspielungen und zu Missverständnissen Anlass gebenden Bemerkungen, so z. B., wenn er auf die Zurechtweisung durch Frau von Briest nach allerlei anzüglichen Bemerkungen [...] **Wir haben eben eine Hochzeit und nicht eine Jagdpartie!** (41) reagiert, **er sähe darin keinen so großen Unterschied.** (41) Die Bereitschaft zum Relativieren und die Fähigkeit, die Ambivalenz vielfältiger Standpunkte und Erscheinungen zu durchschauen, finden nicht zuletzt auch ihren Niederschlag in der Wendung vom **weiten Feld** (42, 46, 48, 139). Mögen auch Zweifel an der Richtigkeit einer derartig formulierten Weigerung zu einer eindeutigen Stellungnahme zu unterschiedlichen Problemkreisen berechtigt sein, so gibt doch zumindest die durch ein **zu** veränderte Schlussformulierung [...] **das ist ein *zu* weites Feld** (342) Anlass zu der Vermutung, dass es sich weniger um einen Rückzug in die vage Unverbindlichkeit handelt, sondern vielmehr um weise Einsicht und das Wissen sowohl um die Unverrückbarkeit vergangenen Geschehens als auch um die Fragwürdigkeit bestehender Ordnungen und Gesetze. Die durch diese Schlussformulierung scheinbar hergestellte Geschlossenheit des Geschehens erreicht somit gleichsam das Gegenteil, es ist wieder bloßgelegt für Zweifel, Skepsis, Anfechtung, Kritik. Und liegt nicht gerade hierin eine bittere Ironie verborgen, die nun keineswegs mehr geprägt ist von dem sonst bei dem Erzähler üblichen verständnisvollen Begreifen der Fährnisse, denen der Einzelne ausgesetzt ist und nach deren Erfordernissen er sich zu verhalten sucht? In scheinbar harmloses Tischgeplauder unterzugehen droht eine von Ronald Schweizer herausgestellte Passage voll scharfer Ironie, die übersteigerte Standesvorurteile mittels eines Gesprächs zwischen Sidonie von Grasenabb und Pastor Lindequist anprangert (177).[194]

So sublim wie den Humor, die Ironie und die Kritik behandelt der Erzähler ein Stilprinzip, das er selbst mit **Verklärung** umschreibt. Erst sie mache den wahren Gehalt eines poetischen Kunstwerkes aus, das sich keinesfalls in der reinen Imitation der Realität erschöpfen dürfe.[195] **Verklärung meint hier nicht verschwommene Idealisierung, sondern vielmehr jenen Umwandlungsprozeß in der Kunst, durch den das Wirkliche nicht nur mit seiner Oberfläche, sondern in seiner immanenten Bedeutung erscheint, in einem in diesem Sinne *klareren* Bild** [...] **Verklärung ist hier von Klärung nicht zu trennen.**[196] Mithilfe der Verklärung gelingt es dem Erzähler, durch eine rational durchschaubare Fabel feine Fäden irrationaler Phänomene zu spinnen, **die dem Ganzen einen wie immer vagen, so doch zwingend suggestiven Schicksalscharakter verleihen.**[197] Nicht zuletzt dadurch ist die feine Poetisierung eines mehr oder minder gewöhnlichen Gesellschaftsskandals gelungen.

Der Besuch bei der gemütskranken Frau Kruse mit dem schwarzen Huhn (79), das Erlebnis mit dem Chinesen (86 f.), die Naturerscheinung des Schloon (184), der Bedingungsrahmen für die Verführungsszene (186 f.), die Regungen der Natur während des Schuldbekenntnisses (253 f.) und selbst die Reaktion der Kreatur (342): Möge man all diesen Begebenheiten für sich betrachtet eine realistische Wahrscheinlichkeit zusprechen, wären sie wohl auch kaum von Bedeutung für den Romangehalt. Aber gerade jene genannten Beispiele – in ihrem jeweiligen Kontext betrachtet – sind geeignet, Motive des Irrationalen, da sie außerhalb des menschlichen Fassungsvermögens liegen, einzubringen.

Eine jenseits des Crampas'schen Schicksalsbegriffs liegende Macht treibt das Geschehen mit einer Zwangsläufigkeit zu Ende, an dem die Kategorien von Schuld und Sühne weder gesellschaftlich noch individualistisch zur Anwendung gebracht werden können.

Aus der Verbindung dieser skeptischen Grundhaltung mit Humor, Ironie und **Verklärung** und durch die Aufnahme irrationaler Erscheinungen im Geschehen ergibt sich der besondere Ton des Romans, der dem Leser des Erzählers Konzeption von Welt offenbart, die sich durch den Zustand von Unbestimmtheit auszeichnet. Um diese darstellen zu können, benutzt der Erzähler systematisch die entsprechenden syntaktischen Mittel: Parenthesen, Konzessions- und Konditionalsätze und eine Fülle von Modaladverbien wie *vielleicht, eigentlich, wohl* und dergleichen. Die Vielfalt der Satzverbindungen und Satzgefüge und die hohe Anzahl von Satzeinschüben spiegeln die Fülle möglicher Betrachtungsweisen von Erscheinungsformen des Lebens durch die Figuren wider.

Die Ausdrucksweise der einzelnen Figuren des Romans entspricht auf den ersten Blick der gepflegten, korrekten deutschen Sprache des Erzählers, die sich **an den logisch-grammatikalischen Satzbau**[198] hält. Und doch weist die Individualsprache von Innstetten, Effi, Crampas und nicht zuletzt von Johanna oder gar Annie unverwechselbare Eigentümlichkeiten auf, bei denen es sich keineswegs um zufällige Ergebnisse dichterischer Inspiration handelt, sondern um ein in höchstem Maße durchkorrigiertes Sprachmaterial, das in *Effi Briest* zum Teil drei oder mehr Überarbeitungen unterworfen wurde.[199]

Typisch für den seinen Prinzipien und einer unangezweifelten normativen Ordnung lebenden preußischen Bürokraten Innstetten ist seine Sprache, die sich von der anderer Figuren deutlich abhebt und durch lange (vierzig, fünfzig, sechzig Wörter und mehr) und sorgfältig konstruierte Sätze – häufig durchsetzt von Parenthesen – auszeichnet.

> **Ich bin, und dabei bleibt es, von diesem Augenblick an ein Gegenstand Ihrer Teilnahme (schon nicht etwas sehr Angenehmes), und jedes Wort, das Sie mich mit meiner Frau wechseln hören, unterliegt Ihrer Kontrolle, Sie mögen wollen oder nicht, und wenn meine Frau von Treue spricht oder, wie Frauen tun, über eine andere zu Gericht sitzt, so weiß ich nicht, wo ich mit meinen Blicken hin soll. Und ereignet sichs gar, daß ich in irgendeiner ganz alltäglichen Beleidigungssache zum Guten rede, ›weil ja der dolus fehle‹ oder so was ähnliches, so geht ein Lächeln über Ihr Gesicht oder es zuckt wenigstens darin, und in Ihrer Seele klingt es: ›der gute Innstetten, er hat doch eine wahre Passion, alle Beleidigungen auf ihren Beleidigungsgehalt chemisch zu untersuchen, und das richtige Quantum Stickstoff findet er *nie* […]‹ (273 f.)**

Seinen aufgezeigten Charaktereigenschaften entsprechen auch die als allgemeine Wahrheiten verkündeten Pauschalurteile zu bestimmten Problemstellungen des Lebens: **So sind alle Frauen.** (90), […] **die Weiber schreien sofort nach einem Schutzmann, aber von Gesetz wollen sie nichts wissen.** (149), […] **man muß in Ordnung sein und sich nicht zu fürchten brauchen.** (170) Nicht nur die ausgesprochene Vorliebe für

Fremdwörter wie z. B. **devotest, kapitaler Mensch** (67), **ramassierte Person** (123), **Renommisterei** (142), **eskamotieren** (169), **hasardiert** (170), **Fauxpas** (188), **Konzession** (273), **dolus** (274), sondern auch die als Hinweis auf seine Bildung zu verstehenden literarischen (65), historischen (53), geographischen (94) und auf sein Allgemeinwissen (241) deutenden Anspielungen, die seine teilweise pathetisch klingende und kunstvoll gesetzte Rede bestimmen, bilden einen deutlichen Kontrast zu den ungezwungenen Satzkonstruktionen und der einfachen Wortwahl Effis. Phasen kindlichen Spiels (10 ff.) und großer Erregung (86 ff.) lassen ihre Sprache außer Kontrolle geraten, was sich in hastig gesprochenen Satzfetzen, Beschränkung auf wenige Verben sowie *und*-Verbindungen niederschlägt. Immer wieder schleichen sich bei ihr auch umgangssprachliche Wendungen wie z. B. **alle Wetter** (17), **Stippvisite, Vatermörder** (98), **das Dalbrige** (209) ein; aber **man beachte, wie in der Zeit ihres Zusammenlebens mit Innstetten die Fremdwörter in ihrer Sprache häufiger werden: degoutant, indezent, kompromittierend, sie auch literarische Anspielungen etc. gebraucht.**[200] Dieses verstärkte Streben nach einem ihrem Stande angemessenen Sprachstil verläuft proportional zur zunehmenden Entfernung von einer unbeschwerten Ausgangslage und der Zuspitzung einer inneren und äußeren Krise. Die eigene Kontrolle über das, was gesellschaftlich vertretbar gesprochen werden darf, zwingt Effi zu einer verschlüsselten und versteckten Sprache und beraubt sie damit der Möglichkeit das auszusprechen, was sie wirklich meint, fühlt, denkt, will. Eine bemerkenswerte Neigung, literarische Vorlagen für eigene Strebungen nutzbar zu machen, mag eine Komponente Crampas'schen Sprachstils sein, eine weitere bildet die Inanspruchnahme von Sprichwörtern und Redensarten und desgleichen ein Hang zu sentenzhaften, geistreichen Wendungen zum Zwecke der Verkündung einer Lebensphilosophie, die gerade dadurch so unantastbar für kritische Anfechtungen wird. Aussagen wie

Wer für den Strick geboren ist, kann im Wasser nicht umkommen (143),
Abwechslung ist des Lebens Reiz, eine Wahrheit, die freilich jede glückliche Ehe zu widerlegen scheint (145),
Alle Gesetzlichkeiten sind langweilig. (148),
Wer gerade gewachsen ist, ist für Leichtsinn. Überhaupt ohne Leichtsinn ist das ganze Leben keinen Schuß Pulver wert (149),
[...] **die Liebe, die doch die Hauptsache bleibt** (158),
[...] **die Politik, die fast immer gröblich ist** (159),
[...] **das Wasser hat eine scheidende Kraft** (192),
Das Leben wäre nicht des Lebens wert, wenn das alles gelten sollte, was zufällig gilt. Alles Beste liegt jenseits davon (269) **und**
Alles ist Schicksal (269)

mangelt es an individueller Prägung; sie erscheinen tiefsinnig und lassen eine Distanz zwischen Sprechendem und Gesprochenem spürbar werden, durch die eine notwendige Verantwortung sowohl für das Gesagte als auch für ein Handeln nach derartigen Maximen nahezu entfällt, und das Fehlen von Verantwortung ist ein an negativen Konsequenzen reicher Aspekt des Daseins von Crampas. Ein weiterer, eng mit dem eben genannten verbundener Aspekt, manifestiert sich in der Auslegung literarischer Texte als vermeintliche Parallele zu seinen eigenen zwischenmenschlichen Beziehungen (158 ff.).[201]

Wenig beachtet, aber einmalig in ihrer Kargheit und formelhaften Struktur stehen die Sätze Annies als Auslöser für Effis Zusammenbruch nach dem Wiedersehen mit ihrer Tochter (315 ff.). Das Spektrum der sechzehn Antworten des Kindes auf Fragen ihrer Mutter reicht vom Ein-Wort-Satz bis zu maximal dreizehn Wörtern in einer Satzverbindung (durchschnittliche Satzlänge: sechs Wörter) und gipfelt in der dreimaligen Wiederholung der stereotypen Formel **O gewiß, wenn ich darf.** (317) Hier handelt es sich um ein Glanzstück der psychologischen Durchdringung des Dialogs; kein noch so einfühlsamer Erzählerbericht hätte wohl vermocht, die abgerichtete Marionette in all ihrer Steifheit darzustellen. Nicht die geringste emotionale Regung aufseiten des Kindes gefährdet die Einheitlichkeit in der Darbietung des unmenschlich verzerrten Produkts des Erziehers Innstetten.

8 Schlussbetrachtung

FONTANE hat als Künstler die allerstrengsten Anforderungen an sich gestellt. Er schreibt seine Werke um, feilt mit größter Sorgfalt; er ist stilistisch außerordentlich bewusst, von den großen Fragen der Komposition zur sprachlichen Durcharbeitung der kleinsten Details; er arbeitet sehr daran, alles stets auf das für ihn erreichbare höchste Niveau zu bringen.[202]

Wenn er als Erzähler in *EFFI BRIEST* den Hintergrund der preußischen Gesellschaft des ausgehenden 19. Jahrhunderts einbringt, so charakterisiert er gleichsam indirekt die Situation der Zeit, **für die der resignierende Rückzug ins Private ebenso kennzeichnend war wie das rigorose Ausschließen dessen, der gegen die Normen verstoßen hatte**[203]. Allerdings konkretisiert FONTANE die bedrohlichen Symptome des zeitlich-räumlichen Umfeldes nicht durch die umfassende Darstellung einer Epoche, sondern durch einen Einzelfall. Dessen Konfliktträchtigkeit ist zwar auf die Mängel dieser Gesellschaft[204] zurückzuführen, der Leser konzentriert sich allerdings überwiegend auf die Schwächen des Einzelnen, der in Widerspruch zur Gesellschaft geraten ist. Als personalitätsloses Gesamt bleibt sie weitgehend unangreifbar und mögliche Schuld muss demzufolge im individuellen Bereich gesucht werden. Aber die Kritik des Erzählers an den Hauptfiguren impliziert zugleich eine Kritik an der Gesellschaftsschicht, der sie angehören: dem Adel. Vorbehalte gegenüber seinem krampfhaften Tradieren überkommener Vorstellungen, dem Festhalten an sinnentleerten Ehrbegriffen, der übersteigerten Wertschätzung einer militärischen Laufbahn und dem Bildungsmangel begleiten unaufdringlich die Handlung. Die Skepsis des Erzählers ist ambivalenter Natur und hinter der bewusst gestalteten Gegenläufigkeit des Selbstfindungsprozesses Innstettens und der Ernüchterung aufseiten Effis verbirgt sich sein Zweifel an einer Harmonisierung des Konflikts zwischen Gesellschaft und Menschlichkeit.

Unterrichtshilfen

1 Didaktische Aspekte

Der Roman *Effi Briest* kann als eine Komponente der literarästhetischen Bildung im Gesamtrahmen der literarischen Bildung[205] betrachtet werden; diese Zuordnung ergibt sich einerseits aus gattungsgeschichtlichen Überlegungen, andererseits aus der Zugehörigkeit des Romans zu einer Epoche, die man als Übergangsphase vom Realismus zum Naturalismus bezeichnet.

Das Bestreben Fontanes den Menschen in seiner geschichtlich bestimmten Situation darzustellen, empfängt seinen eigentlichen dichterischen Anspruch durch die Frage nach der Zeitlichkeit des Einzelnen jenseits einer bloßen Reproduktion von Zeitsituation und Vertretung bestimmter Zeittendenzen.[206] Das Erkennen der Gewalt von Zeit und des Unumstößlichen der eigenen Zeitlichkeit und die Überlegung, dass individuelles Glück nicht aus dem Einzelnen erwächst, sondern aus der Harmonie des Individuums mit einer jeweiligen historisch-sozialen Gegebenheit, die selbst wiederum einem Wandel unterworfen ist, stellt den Überzeitlichkeitsanspruch normativer Ordnungen für die Lebensführung des Einzelnen infrage.

Ob eine Übereinstimmung zwischen den Glücksvorstellungen eines Menschen und der gesellschaftlich gesetzten Konvention, d. h. Gesellschaft *und* Menschlichkeit, erreicht werden kann oder ob Entsagung als Konsequenz einer Disharmonie, d. h. Gesellschaft *vor* Menschlichkeit, nötig ist bzw. verlangt wird, manifestiert sich in besonderem Maße in den Liebesbeziehungen des Romans *Effi Briest*. Die literarisch verarbeiteten Erfahrungen werden von Fontane nicht doziert, eindeutige Lehren werden nicht angeboten, Problemlösungsvorschläge eröffnen dem Leser durch die besondere Erzählhaltung, die geprägt ist durch einen nahezu völligen Verzicht auf Klärung und Anteilnahme seitens des Erzählers, ein hohes Maß an Fremderfahrung, da sich Motive und Konflikte aus den Figuren selbst und ihren Beziehungen untereinander innerhalb bestimmter Raum- und Zeitbedingungen ergeben. Fast alle Zusammenhänge und Dimensionen des Geschehens erschließen sich in der Form eines Gesprächs, eines Monologs oder eines Briefes, wobei die erzeugte kommunikative Wechselwirkung des Erfahrungsgewinns des Lesers dadurch begünstigt wird, dass er sich beständig wechselnden Gesprächskonstellationen ausgesetzt sieht und sich zwangsweise an dem gesprochenen Wort orientieren muss, das in dem vorliegenden Werk die Alleinvertretungsansprüche der Kategorien Gesellschaft und Menschlichkeit relativiert. Eine Erwartung des Lesers nach fest umrissenen Kriterien für die Wertung des Gesprochenen wird gar zu leicht enttäuscht, der Leser selbst reagiert verunsichert.

Den Schüler zu befähigen **das Lesen als einen quasi-empirischen Prozeß zu erfahren**[207] ist nur ein Aspekt für die didaktische Bedeutung eines Fon-

TANE-Romans im Unterricht. Eine zweite, noch wesentlichere Komponente stellt FONTANES literarisch formulierte Gesellschaftskritik dar, die sich allerdings deutlicher und schärfer noch im Momentanen seiner brieflichen Äußerungen an Georg Friedländer artikuliert, mit dem er von 1884 bis zu seinem Tode in ständigem brieflichem Kontakt stand. Ausgewählte Briefe des erst 1954[208] veröffentlichten Briefwechsels sollten nach Möglichkeit parallel zur Lektüre gelesen werden. Nicht zuletzt diese Veröffentlichung der Briefe förderte die Revision des FONTANE-Bildes vom Heiter-Darüberstehenden zum Gesellschaftskritiker. FONTANES differenzierte Kritik erstreckt sich auf nahezu alle Bereiche gesellschaftlichen Lebens; sie konzentriert sich in dem Roman *EFFI BRIEST* auf die Sphäre zwischenmenschlicher Beziehungen in ihrer Abhängigkeit von gesamtgesellschaftlichen Entwicklungen.

Zusammenfassend rechtfertigt sich die Wahl des Romans als Unterrichtsgegenstand der Sekundarstufe II aus folgenden Gründen, die in ihrer Reihenfolge keine Rangfolge darstellen:

- Trotz des historischen Bezugsrahmens berührt der Roman auch heute noch aktuelle Problemkreise (z. B. Säkularisierung der Ehe, Emanzipation der Frau, soziostrukturelle Veränderungen der Familie).
- Die Frage nach der überzeitlichen Gültigkeit normativer Ordnungen bedarf beständiger Diskussion.
- FONTANES feiner Sinn für Wahrheit und Lüge, seine allseitige Skepsis fordern auf zu kritischer Auseinandersetzung mit zunächst eindeutig erscheinenden gesellschaftlichen Positionen.
- Der unumgängliche Zwist zwischen individuellem Glücksstreben und kollektiven Ansprüchen ist so aktuell wie vor einhundert Jahren. Die Menschlichkeit als höchster Wertmaßstab findet ihre Bewährung dabei nicht in der resignativen Abkehr aus der Gesellschaft, sondern erfährt eine ihr angemessene Form in der beständigen Auseinandersetzung mit offensichtlichen und verborgenen Problemen eben dieser Gesellschaft.
- Der Roman *EFFI BRIEST* mag als Beispiel dafür gelten, dass das Romanwerk FONTANES von entscheidender Bedeutung für die deutsche Literaturentwicklung gewesen ist, insbesondere unter Berücksichtigung der Fülle nennenswerter Romane, die zur gleichen Zeit in der französischen und englischen Literatur vorhanden war, was eine gewisse Parallelität zu der allgemeinen *Rückständigkeit* auf sozialem, politischem und wirtschaftlichem Gebiet und der literarischen Entwicklung innerhalb Deutschlands offen legt. Hier gelang es besonders FONTANE, durch eine Verbindung der Veränderungen außerhalb der Literatur und einem Formwandel auf dem Gebiet epischer Gestaltung ein Kunstwerk von höchstem Rang zu hinterlassen.[209]
- Der Roman ist in hervorragender Weise geeignet die verschiedenen epischen Kategorien wie z. B. Raum-, Figuren- und Zeitgestaltung zu erarbeiten. Als besonders reizvoll bietet sich eine Untersuchung von Gesprächs- und Erzähleranteil sowie der Erzählhaltung und der Figur des Erzählers in seinen unterschiedlichen Funktionen an. Die Selbstzeugnisse vermitteln hier interessante Einblicke in die Entstehungsgeschichte des Romans. Der

symmetrische Aufbau, das besondere Sprachbewusstsein und die typische Stilistik FONTANES zeugen von höchster dichterischer Kunst.

2 Didaktisch-methodische Literatur

Nur eine systematische Bereitstellung des didaktisch-methodischen Instrumentariums gewährleistet eine konsequente Erschließung des Textes, die sich in der folgenden Darstellung verdeutlicht. Für die unterrichtliche Arbeit bieten sich mehrere Lösungswege an, die nicht selten ineinander übergehen oder auch parallel zueinander verlaufen können.[210]

1. Die Betrachtung herausragender Elemente des *Inhalts* vermittelt die Erschließung des Ideengehalts durch eine Orientierung am Geschehensablauf, wobei die Aufgliederung und Bearbeitung der einzelnen epischen Kategorien besonders akzentuiert werden kann. Die Figurengestaltung dürfte dabei im Vordergrund der Interpretation stehen – jeweils unter Zugrundelegung der zentralen Frage: Wie können Emanzipationsbestrebungen betrieben, wie Rollenkonflikte bewältigt werden ohne Einbußen an Würde, sozialer Stellung und Menschlichkeit.

2. Bei der Untersuchung *formaler Aspekte* bleibt in jedem Fall die Bedeutung FONTANES für die Entwicklung des Romans als epischer Großform im deutschsprachigen Raum zu berücksichtigen. Ein Exkurs zur Geschichte des Romans und der damit verbundenen Wandlung der Erzähler- und Leserrolle unter besonderer Hervorhebung der geringen Formstrenge dieses Genres ist anzustreben.

Tafelbild 4: Die methodisch-didaktische Ebene des Romans

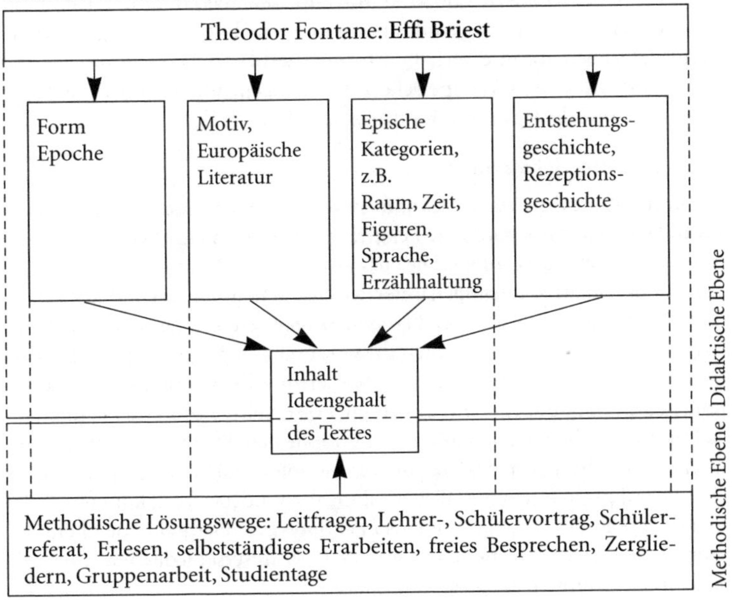

3. Einen großen individuellen Leseaufwand, ein hohes Maß an Vorkenntnissen, eine sichere Beherrschung der *Instrumente* zur Textinterpretation erfordert der *Vergleich*, sei es ein Motivvergleich innerhalb des Gesamtwerkes des Autors im Rahmen der europäischen Literatur oder verschiedener Epochen der Literaturentwicklung, sei es gar mit einem motivähnlichen Text aus der Trivialliteratur.[211]

4. Als Rahmen für die genannten didaktischen Lösungswege eignen sich jeweils Exkurse zur *Entstehungs- und Rezeptionsgeschichte*[212] des Werkes. Die Entstehungsgeschichte gewährt Einblicke in den historisch-politisch-sozialen Bezugsrahmen, die gesellschaftliche und wirtschaftliche Stellung des Autors, seine Quellen und deren künstlerische Verarbeitung. Schwerpunkt der Rezeptionsgeschichte ist die Wandlung des FONTANE-Bildes vom unpolitischen Greisenautor zu einem Gesellschaftskritiker ersten Ranges unter Berücksichtigung der jeweiligen gesellschaftlichen Bedingungen und politischen Interessenlagen von Kritikern. Interessante Aspekte der Rezeptionsgeschichte ergeben sich aus den unterschiedlichen filmischen Adaptionen dieser literarischen Vorlage:

1939 – Regie Gustav Gründgens *(DER SCHRITT VOM WEGE)*
1956 – Regie Rudolf Jugert *(ROSEN IM HERBST)*
1968 – Regie Wolfgang Luderer *(EFFI BRIEST)*
1974 – Regie Rainer Werner Fassbinder *(EFFI BRIEST)*

Das interpretatorische Spektrum reicht vom um Neutralität in Form und Fabel bemühten und auf Publikumswirksamkeit eingestellten Klassiker über das soziale Drama einer sich einsam und unverstanden fühlenden Effi bis hin zu einer sorgfältig und kunstvoll aufbereiteten Literaturverfilmung, in der die Heldin an der Anwendung von für sie nicht mehr gültigen normativen Maßstäben auf ihre Verhaltensformen zerbricht. Diese filmischen Interpretationen deuten auf spezielle Zielsetzungen, unterschiedliche Sachkenntnisse und divergierende Wertmaßstäbe hin.[213]

3 Unterrichtsreihen

Die Bearbeitung der epischen Großform Roman in der Sekundarstufe II setzt sowohl eine intensive häusliche Lektürearbeit als auch eine bereits geschulte Rezeptionskompetenz voraus. Die Vorschläge für die Unterrichtsreihen lassen sich nur bei einem nachhaltigen unterrichtlichen Engagement und selbstständiger häuslicher Mitarbeit der Lernenden realisieren. Eine sichere Beherrschung der Grundbegriffe der literaturwissenschaftlichen Fachsprache gilt als Vorbedingung für die Interpretation, vor allem sollten Termini wie Produktion, Rezeption, Autor, Erzähler, Adressat, Leser, Zeit-, Raum- und Figurengestaltung, Erzählhaltung, Erzählzeit und erzählte Zeit, Erzählerbericht und szenische Darstellung, Perspektive, innerer Monolog, erlebte Rede und dergleichen geläufig sein und ohne Wiederholung verwendet werden können.

Für eine Einbettung des Romans *EFFI BRIEST* in übergreifende Literatursequenzen bieten sich mehrere Varianten bei unterschiedlichem thematischen Bezugsrahmen an, u. a.

■ Der realistische Zeitroman
GOTTFRIED KELLER: *MARTIN SALANDER*, WILHEM RAABE: *PFISTERS MÜHLE*, THEODOR FONTANE: *EFFI BRIEST*
■ Gesellschaftskritik im Roman des Realismus
THEODOR FONTANE: *EFFI BRIEST*, WILHELM RAABE: *DIE AKTEN DES VOGELSANGS*
■ Frauenromane/-dramen
THEODOR FONTANE: *EFFI BRIEST*, GUSTAVE FLAUBERT: *MADAME BOVARY*, LEO TOLSTOI: *ANNA KARENINA*, HENRIK IBSEN: *NORA*
■ Eheromane von THEODOR FONTANE
L'ADULTERA, CÉCILE, GRAF PETÖFY, UNWIEDERBRINGLICH, EFFI BRIEST

4 Unterrichtssequenzen

Die Entwürfe zu den Stundenverläufen, die Aufgabenstellungen und die Unterrichtsschritte für die Textinterpretation – insbesondere in der Erarbeitungsphase (5. bis 14. Std.) – ergeben sich aus den vorliegenden Kapiteln. Es handelt sich grundsätzlich um Maximalforderungen, die es in Leistungskursen zu erfüllen gälte. Setzt der Unterrichtende eigene bzw. andere Schwerpunkte, z. B. für den Grundkurs, oder liegt ein begrenzter zeitlicher Rahmen vor, lassen sich Einzelstunden, Lernziele oder Unterrichtsschritte ohne Beeinträchtigung für die Arbeit aus der Unterrichtseinheit herauslösen.

Sehr zu empfehlen ist die Visualisierung der Arbeitsergebnisse durch die Zusammenstellung der Thesenpapiere, Tabellen, grafischen Darstellungen, Gruppen- oder Einzelarbeiten und Übersichten zu einer Wandzeitung.

Da Literaturverfilmungen einen Aspekt der Wirkungsgeschichte eines epischen Werkes darstellen und da für diesen Roman eine Fülle filmisches Material vorliegt, bietet sich die Vorführung von zwei der genannten und im Fernsehen häufig wiederholten Verfilmungen an:

■ Effi Briest: 1968 – Regie: W. Luderer (DDR) – Effi: Angelika Domröse
■ Effi Briest: 1974 – Regie: R. W. Fassbinder – Effi: Hanna Schygulla

Eine kurze thesenhafte Skizzierung des gesellschaftlichen, sozialen und politischen Bedingungsrahmens für die Zeit der Produktion ist unerlässlich und kann von Arbeitsgruppen übernommen werden, um eine Filmanalyse möglicherweise im Rahmen von Studientagen vorzunehmen.

Verwendete Abkürzungen:

A	= Alternative	PRO	= produktionsorientierte Themen- oder Aufgabenstellung
FA	= Freiarbeit		
GA	= Gruppenarbeit	Ref	= Referat
GK	= Grundkurs	SV	= Schülervortrag
HA	= Hausaufgabe	TA	= Tafelbild
KRef	= Kurzreferat	UG	= Unterichtsgespräch
LK	= Leistungskurs	EA	= Einzelarbeit
LV	= Lehrervortrag		

Stunden	Thema	Didaktische Aspekte (Inhalte/Ziele)	Methodische Realisierung/ Verlauf
1./2.	1. Theodor Fontane, *Effi Briest* (vorbereitendes Lesen)[214] 2. Quiz[215] a. Name und Funktion der einzelnen Figuren und ihre Stellung zueinander b. räumliche Gegebenheiten (Ortsnamen, Landschaften und ihre charakteristischen Merkmale) c. zeitliche Abläufe (Jahre, Jahreszeiten, Monate, Termine) 3. Leben und Werk Fontanes (vgl. Zeittafel zum Leben und Werk im Anhang sowie *Das Frauenbild im Spiegel des Rezeptionsprozesses*, Material 2) 4. Entstehungsgeschichte von *Effi Briest* (vgl. Kap. 1 sowie *Die Ardenne-Affäre*, Material 1)	Die Schüler sollen 1. den Roman *Effi Briest* von Theodor Fontane lesen und Fragen zu Raum, Zeit und Figuren sowie Handlungsverlauf beantworten können, 2. Einzelheiten aus dem Leben und Werk Fontanes und zur Entstehungsgeschichte des Romans erfahren.	1. Bearbeitung eines Quiz 2. LV (Leben und Werk Fontanes, Entstehungsgeschichte *Effi Briest*) 3. UG dazu; A: FA (nur LK) – öffentliche Bibliotheken, Universitätsbibliothek, Schülerbücherei – Wer kennt Theodor F. und Effi B.? (Steckbriefe, Collagen, Interviews, Publikums- bzw. Expertenbefragung; Ausstellung in Gemeinschaftsräumen; fächerübergreifend: Anfertigung von Skulpturen, Phantombildern, Karikaturen und dergl.)
3./4.	s. 1./2. Stunde HA/Ref	Die Schüler sollen 1. den historisch-sozialen Bezugsrahmen (19. Jahrhundert) erfassen, 2. formale (Genre: Romane) und epochale (Realismus) Aspekte des Romans kennen lernen.	1. SV, Ref 2. Arbeitsteilige GA nach Anzahl der Ref unter Mitarbeit der vortragenden Schüler (Erstellung eines themenbezogenen Thesenpapiers – auf der Grundlage der Materialien zu den Ref–,

	Hausaufgabe
zu 1. Obwohl davon auszugehen ist, dass zahlreiche Schüler – bedingt durch die mehrfache Ausstrahlung einer der genannten Verfilmungen – über eine Vorstellung des Romaninhalts verfügen, ist ein vorbereitendes sorgfältiges Lesen unerlässlich, zu dem durch ein vor Beginn der Unterrichtseinheit angekündigtes Quiz motiviert werden soll. zu 2. Die Einbeziehung des Geschichts- und Sozialkundeunterrichts wäre erstrebenswert, um den historisch-sozialen Bezugsrahmen für das Werk zu erarbeiten.	Ref einzeln oder in Gruppen – nur LK bei Fortsetzung mit 3./4. Stunde – GK nach Bedarf, sonst Fortsetzung mit 5./6. Std. – Beispiele für Ref-Themen: 1. Die politische, wirtschaftliche und soziale Lage in Preußen in der zweiten Hälfte des 19. Jahrhunderts[216] 2. Der Realismus als historische Epoche der Literaturentwicklung[217] 3. Zur Geschichte des Romans in Europa[218] 4. Zur Geschichte der Frauenemanzipation[219] 5. Die Duellsituation in Preußen zum Ende des 19. Jahrhunderts[220]
das den übrigen Schülern in vervielfältigter Form zur Verfügung gestellt wird). zu 1. Die Inhalte von Ref oder Thesenpapieren sind möglichst frei vorzutragen. zu 2. Für die GA empfiehlt es sich, eine Einteilung nach Neigung vorzunehmen, der referierende Schüler bietet sich als Gruppensprecher an. Bei Zeitmangel kann die Fortsetzung der GA in den häuslichen Bereich verlagert werden.	1. Bei Bedarf Fortsetzung der GA 2. Fertigstellung der Thesenpapiere in vervielfältigter Form

Stunden	Thema	Didaktische Aspekte (Inhalte/Ziele)	Methodische Realisierung/ Verlauf
5./6.	1. Die äußere Einteilung des epischen Vorgangs in Kapitel und Abschnitte 2. Der symmetrische Aufbau des Romans	Die Schüler sollen 1. den Handlungsverlauf des Romans in freier Form wiedergeben, 2. den Aufbau und die Gliederung des Erzählwerks erkennen, a. Kriterien für die Kapiteleinteilung erarbeiten, b. eine Gliederung des Romans in mehrere Erzählblöcke vornehmen, c. Ortswechsel als kompositorische Einschnitte durchschauen, d. die Wohlproportioniertheit von Abschnitten, Kapiteln und Erzählblöcken benennen, e. Exposition, zentrales Geschehen und Ausklang in einen kompositorischen Zusammenhang stellen, f. Interdependenzen zwischen äußerem Geschehensablauf und den Stadien der psychischen Verfassung der Hauptfigur verdeutlichen, g. eine Tabelle zum symmetrischen Aufbau des Romans erstellen.	1. SV Inhaltsangabe des Romans 2. UG und schriftliche Fixierung der fünf Kriterien für die Kapiteleinteilung (Tafel/Folie) 3. Arbeitsteilige GA (Kapitelzahl – Inhalt in Stichworten) Hohen-Cremmen – Kessin – Berlin 4. UG Zusammenstellung der Erzählblöcke (Kap. 1–5; 6–14; 15–22; 23–31; 32–36) 5. Erarbeitung *Der symmetrische Aufbau des Romans* unter Vorgabe eines Grobrasters (vgl. Tafelbild 1)

	Hausaufgabe
Leitfragen/Arbeitsanweisungen: zu 1. Welche äußeren Merkmale verweisen auf eine Strukturierung des Erzählwerks? (Abschnitte, Kapitel ohne Überschriften) zu 2. Vergleichen Sie Kapitelende und -anfang und stellen Sie Kriterien auf für eine Kapiteleinteilung: a) die Gruppierung um eine einheitliche Idee, b) das Auftreten einer anderen Person, c) die Herstellung einer räumlichen Einheit, d) ein neuer Handlungsabschnitt, e) die Pointierung einer inhaltlich besonders relevanten Szene zu 3. Wählen Sie einen epischen Raum (Hohen-Cremmen, Kessin, Berlin) aus. Stellen Sie die zu diesem Raum gehörenden Kapitel fest und fixieren Sie stichwortartig die inhaltlich relevanten Ereignisse unter besonderer Berücksichtigung der Entwicklung der Hauptfigur. (Vgl. Tafelbild 1: Kapitel, Kapitelanzahl, Raumveränderungen, psychische Entwicklungsstationen der Hauptfigur) zu 4. Welche kompositorische Funktion erfüllt Hohen-Cremmen? (Exposition und Ausklang als Handlungsrahmen) zu 5. Welche formalen Besonderheiten fallen in Bezug auf das zentrale Geschehen auf? (Drei Hauptphasen von nahezu gleichem Umfang in Seiten- und Kapitelzahl) 6. Vervollständigen Sie die vorliegende Tabelle (vgl. Tafelbild 1). – Umdruck unter Vorgabe der Überschriften – (Verdeutlichung der Vorgehensweise im UG zur Exposition, Fortsetzung in EA) 7. Lassen sich formale bzw. inhaltliche Auffälligkeiten erkennen? (Bewusster formaler Aufbau, Wohlproportioniertheit von Kapiteln und Erzählblöcken bzw. -phasen, Kap. 19 als Wendepunkt, Bruch mit der Gesellschaft nach Kapitel- und Seitenzahl fast genau die Mitte des Romans, Wechsel des Schauplatzes entspricht immer auch der seelischen Veränderung der Hauptfigur)	Lektüre: Raumgestaltung: Hohen-Cremmen S. 7, Z. 1–S. 8, Z. 9: **In Front […] des Seitenflügels hinaufführten.** Kessin S. 49, Z. 12–S. 57, Z. 34: **Es war […] empfindlich kalt.** Schloon S. 183, Z. 11–S. 184, Z. 19: **Was ist […] oder ein Moor wäre.** Figurengestaltung: Effi S. 8, Z. 30–S. 9, Z. 12: **Effi trug […] daß du so was möchtest.** Innstetten S. 12, Z. 1–S. 13, Z. 39: **Innstetten sagest du […] hier in Hohen-Cremmen sein.** Crampas S. 120, Z. 28–S. 122, Z. 7: **Tatsache bleibt […] erst recht nicht.** A: Dekonstruktion und Neufassung einer Schlüsselszene des Romans: Wiedersehen mit Annie, S. 314–318 (vgl. produktionsorientierte Arbeitsvorschläge im Anschluss an die Unterrichtssequenzen und Material 3).

Stunden	Thema	Didaktische Aspekte (Inhalte/Ziele)	Methodische Realisierung/ Verlauf
7./8.	Raum- und Figurengestaltung	Die Schüler sollen 1. die typischen Merkmale der drei Handlungsschauplätze erarbeiten, 2. die Hauptfiguren in ihrer widersprüchlichen (Effi) sowie kontrastiven (Innstetten, Crampas) Darstellung analysieren, 3. die Wiederholung des Gegensatzes zwischen den Ansprüchen des Individuums und denen der Gesellschaft in den übrigen Figurenkonstellationen (Ehepaar Briest) erkennen.	1. Sammeln von Einzelmerkmalen der Schauplätze (Tabelle, UG und EA) 2. Zusammenfassen der Erkenntnisse im UG (stichwortartige Leitsätze zu den einzelnen Räumen) 3. Arbeitsteilige GA (vgl. Kap. 4) – Figurenanalyse / Charakteristik a. Effi, b. Innstetten, c. Crampas, d. vgl. Innstetten/Crampas, e. Eltern Briest 4. SV Gruppenergebnisse

zu 1. Mit welchen Raumattributen versieht der Erzähler Hohen-Cremmen, Kessin, Berlin? Tragen Sie Ihre Beobachtungen in eine Tabelle ein (Arbeit am Text ohne Angabe der Seitenzahlen).
zu 2. Welche zusammenfassenden Erkenntnisse lassen sich für die einzelnen Handlungsräume formulieren?
a) Elternhaus im märkischen Dorf/Hohen-Cremmen; z. B. Fronthaus, Seitenflügel, Kirchhofsmauer, heller Sonnenschein, Sitzplatz hinter dem Haus, luftige Räume, geöffnete Fenster, Rondell, Teich, Schaukel, Heliotrop, wilder Wein, Rhabarber, Platanen [...] = Leitmotivische und sinngebende Elemente, zum einen Ort der Geborgenheit als Schutz vor der Außenwelt, zum anderen innere Offenheit und Weite und damit Freiräume für Effi
b) Wendepunkt und Höhepunkt in Kessin mit dem Schloon als Charakteristikum der symbolischen Landschaft; z. B. Chinesengrab, Gewölk, Haff, Meer, Wasser, Sumpf, Schilf, Haifisch, Krokodil, öder und ärmlicher Saal, Zylinderbüro, alkovenartiger Schlafraum, dunkle Treppe, Freisitz [...], z. B. Wolkenmassen, schäumendes Meer, lärmende Brandung, Immortellen, Sog, unterirdischer Sumpf, Moor [...] = Entgegengesetzte Konzeption der Raumgestaltung, Raum dient als Spiegel oder Träger für Stimmungen, Gefühle und Gemütsverfassungen der Hauptfigur, Fremdartigkeit des Handlungsraumes, der allein aus Effis Perspektive erschlossen wird. = Unter den extremen Bedingungen der sandigen Brachlandschaft erfolgt der Bruch mit der Gesellschaft.
c) Ausbreitung der Katastrophe in der Großstadt Berlin; z. B. Platz- und Straßennamen, Hofball, Tiergarten, Park, Christuskirche, Matthäikirchhof, Bahndämme, Mietwohnung [...] = Ein von der Gesellschaft geprägter Raum, Herstellung einer Art von Öffentlichkeit, in der der Bruch mit der Gesellschaft als ein zu sanktionierendes Vergehen aufgedeckt wird.
A (fächerübergreifend): Bildnerische Gestaltung der Räume unter besonderer Berücksichtigung der stimmungstragenden Elemente in Farbe und Form (ohne Vorgabe einer Technik).
zu 3. Die Charakterisierung der Figuren in EA oder GA (Auswahl der Figuren nach Neigung) setzt eine direkte Arbeit am Text voraus (Textverweise, Seitenangaben).
zu 4. Nach dem Vortragen der Ergebnisse ließe sich im UG folgendes Tafelbild erarbeiten:

1. Anfertigung einer Tabelle als Gegenüberstellung der Erzählzeit und der erzählten Zeit (vgl. TA 2) unter Vorgabe des jeweiligen Ortes bzw. der Lebensstationen der Hauptfigur (vgl. TA 3)
2. (Nur LK) Anfertigung einer Zeichnung zum Spannungsbogen der Handlung unter Vorgabe eines Rasters – nach Bedarf – *Lebensstationen der Hauptfigur und Erzählblöcke im Spannungsfeld von Erzählzeit und erzählter Zeit* (vgl. TA 3)
A (nur LK): – freiwillig – Erweiterung der Figurenanalyse: Ref zu Grawe, Christian: *EFFI BRIEST*. Geducktes Vögelchen in Schneelandschaft: Effi von Innstetten, geborene von Briest[221]

Stunden	Thema	Didaktische Aspekte (Inhalte/Ziele)
7./8.		

Methodische Realisierung/
Verlauf

Hingabe an ein von gesellschaftlichen Mächten durchdrungenes Leben; Bewusstsein einer Schuld nicht gegenüber einer göttlichen Weltordnung, sondern gegenüber dem Sittengesetz ihres Jahrhunderts.

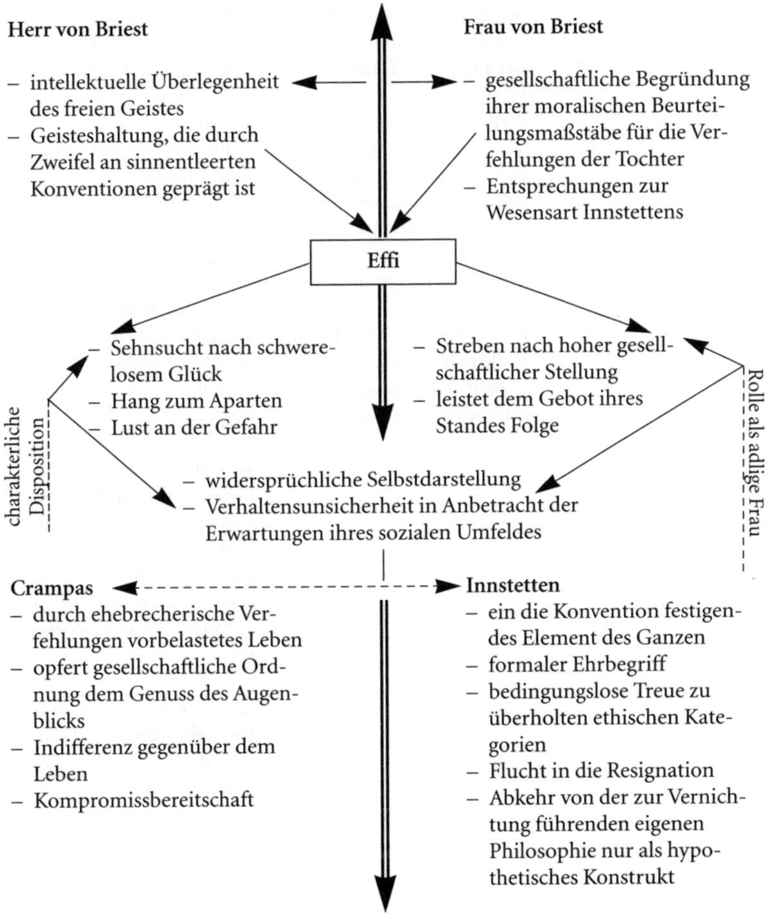

Der Erzähler widmet sich den historisch-gesellschaftlichen Bedingungen einer Epoche, die den Einzelnen unfähig macht individuelles Glück zu erfahren, über die Grenzen dieser so gearteten Zeit hinauszublicken oder gar Veränderungen herbeizuführen.

Stunden	Thema	Didaktische Aspekte (Inhalte/Ziele)	Methodische Realisierung/ Verlauf
9./10.	1. Die Zeitgestaltung 2. Das Mittel der Vorausdeutung als ein besonderer Aspekt der Zeitorganisation	Die Schüler sollen 1. Erzählzeit und erzählte Zeit gegenüberstellen, 2. erkennen, dass nur ausgewählte Begebenheiten aus den zwölf Jahren im Leben der Effi Briest Darstellung erfahren, 3. die unterschiedlichen Vorgehensweisen des Erzählers in den einzelnen Erzählblöcken herausarbeiten, 4. die Vorausdeutungen des ersten Kapitels erkennen und für den Handlungsverlauf begründen, 5. (nur LK) die Vorausdeutungsgespräche und die kreisförmige Anlage des Geschehens durchschauen.	1. Ergebnissicherung der HA im UG (vgl. TA 2) 2. Erarbeitung des Spannungsbogens – vorbereitete Folie – und Erklärungen dazu als SV (vgl. TA 3) 3. UG zur Vorgehensweise des Erzählers in den Erzählblöcken 4. Erarbeitung der Vorausdeutungen des ersten Kapitels, UG dazu 5. (Nur LK) Wechselwirkungen zwischen Eröffnungsdialogen der einzelnen Erzählblöcke und den sowohl rückbestätigenden als auch vorausdeutenden jeweiligen Phasenabschlussgesprächen zu 1. In Bezug auf die Tabelle zur Gegenüberstellung von Erzählzeit und erzählter Zeit bzw. zur grafischen Darstellung des Spannungsbogens scheint jeweils ein einzelner SV ausreichend zu sein. zu 2. Vergleichen Sie die Darstellungen des Erzählers in den einzelnen Erzählblöcken. Lassen sich Unterschiede feststellen? Mögliches TA: EB 1 u. 2 (Kap. 1–14) einzelne Tage oder Stunden, dazwischenliegende Zeit im Erzählerbericht zusammengefasst EB 3 (Kap. 15–22) Szenenfolge in zeitlicher Dichte ohne Überbrückungen

EB 4 u. 5 (Kap. 23–36)
raffende Darstellung mit Aussparungen; Ausnahme: Sprechszene zwischen Innstetten und Wüllersdorf

zu 3. Lektüre: S. 11, Z. 17–S. 20, Z. 23 **Eine Geschichte [...] Kichern und Lachen.** Unterstreichen Sie alle Vorausdeutungen (vgl. Kap. 5.2.).
zu 4. Stellen Sie Verbindungen zwischen diesen Vorausdeutungen des ersten Kapitels und dem weiteren Handlungsverlauf her. (Alle bedeutungsvollen Themen werden in der Exposition der Charaktere vorbereitet. Effis Mitteilungen über Innstetten sind mit entscheidenden Gelenkstellen des Romans verknüpft: Heirat, Untreue, Tod.)
zu 5. (Nur LK) LV und UG zu Vorausdeutungsgesprächen und der kreisförmigen Anlage der Handlung; Vorschlag für ein gemeinsam zu entwickelndes TA[222], das auch als Folie zum LV benutzt werden kann:

1. Stellen Sie stichwortartige Eigentümlichkeiten der Individualsprache folgender Personen zusammen: Effi – Innstetten – Crampas
2. Lektüre: S. 268, Z. 31–S. 274, Z. 30 **Dann ließ [...] Auf Wiedersehen in Kessin.**

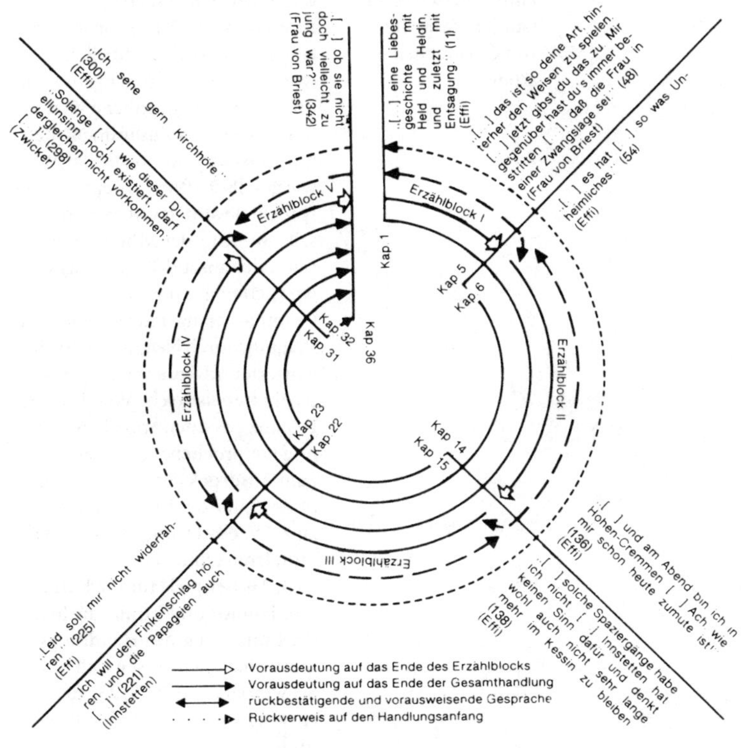

Stunden	Thema	Didaktische Aspekte (Inhalte/Ziele)	Methodische Realisierung/ Verlauf
11./ 12.	Sprache und Gespräch	Die Schüler sollen 1. die Eigentümlichkeiten der Individualsprache der Figuren zusammenstellen und sich daraus ergebende Konsequenzen für den Handlungsverlauf und die Lebenssituation der Figuren durchschauen, 2. ausgewählte stilistische Merkmale erkennen und am Text belegen, 3. erzähltechnische Funktionen und inhaltliche Aspekte von Gesprächen erarbeiten.	1. Vergleich der HA (stichpunktartige Zusammenstellung als Tafelbild) 2. LV zu ausgewählten stilistischen Besonderheiten des Romans: Humor, Ironie und Verklärung; Einzelarbeit zu Textbeispielen 3. GA zu den erzähltechnischen Funktionen der Gespräche 4. UG zu einem möglichen Kategoriensystem der Gespräche unter inhaltlichen Gesichtspunkten zu 1. Die Schüler werden aufgefordert die HA stichwortartig als Tafeltabelle zusammenzustellen. Falls folgende Aspekte nicht erkannt worden sind, sollten sie im UG erarbeitet werden: Innstetten: sorgfältig konstruierte lange Sätze, Vorliebe für Fremdwörter, formaler Sprachgebrauch; Effi: umgangssprachliche Wendungen, erst im Zusammenleben mit Innstetten Kontrolle darüber, wie gesellschaftlich akzeptabel gesprochen werden soll, verschlüsselte Sprache, der Möglichkeit beraubt das auszudrücken, was sie wirklich meint und denkt; Crampas: mangelnde individuelle Prägung durch Neigung zu Sprichwörtern und Redensarten, sentenzhafte geistreiche Wendungen, Distanz zwischen Sprechendem und Gesprochenem entzieht die zum Ausdruck gebrachte Lebensphilosophie der Kritik anderer. zu 2. LV, UG Definitionen für Humor, Ironie und Verklärung zu 3. Als Beispiele für die Kategorien Humor und Ironie, die hier der Entlarvung von Handlungsmotiven dienen, lassen sich ohne Schwierigkeiten die S. 23, 40 (Briest) und S. 177 (Sidonie) finden.

Hausaufgabe

zu 4. Mit der Aufforderung, Motive des Irrationalen mit Seitenangaben und inhaltlichem Bezugsrahmen zusammenzustellen, kann überprüft werden, ob die Schüler das Phänomen Verklärung bei Fontane verstanden haben. Mögliche Textbelege:
S. 79 Frau Kruse mit dem schwarzen Huhn
S. 86 Erlebnis mit dem Chinesen
S. 184 Naturerscheinung Schloon
S. 186 Bedingungsrahmen für die Verführungsszene
S. 254 Regungen der Natur während des Schuldbekenntnisses
S. 342 Reaktion der Kreatur
A (SV): **Triffst Du nur das Zauberwort**[223] – Warum lässt Christine Brückner die **ungehaltene Rede** Effis **an den tauben Hund Rollo** richten?
5. Um einerseits zu verdeutlichen, dass sich alle Gelenkstellen des Romans durch einen zurückhaltenden Erzähler auszeichnen und andererseits die besondere Bedeutung der Dialoge herauszustellen, wird vorgeschlagen, ein Arbeitspapier vorzubereiten, das gemäß Kap. 7.2. die entsprechenden Textstellen mit Kurzüberschrift angibt und die Schüler auffordert die erzähltechnische Funktion zu formulieren, z. B.:
Vorgabe: S. 49 ff. Die Ankunft in Kessin, S. 183 f. Der Schloon; Funktion: [...] (wünschenswerte Schülerformulierung: die Erschließung räumlicher Gegebenheiten im weitesten Sinne)
6. Für die Analyse kompositorischer Aspekte von Gesprächen scheint die umgekehrte Vorgehensweise angezeigt zu sein. Der Lehrer erfragt ein Kategoriensystem für die Gespräche des Romans und lässt dafür Textstellen finden (vgl. Kap. 7.2.). Z. B. L-Impuls: In dem Roman gibt es eine Fülle von Gesprächen, denen inhaltlich gesehen die gleiche Aufgabe zukommt. Für diese verschiedenen Gruppen lassen sich jeweils Oberbegriffe finden [...] Wie könnte man z. B. Gespräche bezeichnen, in denen sich Personen mit bereits vollzogenen Handlungen auseinandersetzen? [...] Reflexionsgespräche [...] Beispiel: S. 42 ff. Die Eltern Briest reflektieren die Verbindung zwischen ihrer Tochter und Innstetten. (Die Ergebnisse – vgl. Kap. 7.2. – sollten zu einer Tafel- bzw. Folienübersicht zusammengestellt werden.)

1. Nach Wahl schriftlich bearbeiten:
a) Veränderte Einstellungen zu allen politisch-sozialen und gesellschaftlichen Problemen haben bei Fontane zu einer veränderten Darstellungsweise geführt. Geben Sie Beispiele dafür und erläutern Sie sie.
b) Die Syntax des Erzählers, die von häufiger Verwendung von Parenthesen, Konzessiv- und Konditionalsätzen und einem durchgängigen Gebrauch von Modaladverbien geprägt ist, lässt Rückschlüsse auf seine Geisteshaltung zu. Was sind ihre typischen Merkmale?
2. Lektüre S. 79, Z. 18–S. 93, Z. 3: **Das war [...] hängt es wohl zusammen.** und S. 337, Z. 19–34: **So verging [...] ein baldiges Ende gefaßt.**
Als herausragend wären Arbeiten zu bewerten, die u. a. Elemente enthalten wie
a) Verlagerung der Perspektive in das Innere der Figuren – psychologische Durchdringung der Dialoge, erhöhte sprachliche Bewusstheit – Konzentration auf das *Wie* des Vollzugs – eine von Skepsis und Zweifel durchzogene, aber von Humanität getragene Einstellung vor allem zu den *kleinen Dingen des Lebens,*
b) skeptischer Geist – Zustand des Unbestimmten – Bemühen um Distanz und Diskretion – Furcht vor Pauschalierungen – Neigung zum Zweifel und zu skeptischem Relativieren – Zweifel an für unumstößlich gehaltenen gesellschaftlichen Normen – Rücknahme eines eingenommenen Standpunktes als Korrektur.

Stunden	Thema	Didaktische Aspekte (Inhalte/Ziele)	Methodische Realisierung/ Verlauf
13./ 14.	Erzähler und Erzählhaltung	Die Schüler sollen 1. erkennen, dass ein allwissender Er-Erzähler den Roman erzählt, 2. eine Zusammenstellung der Aufgaben des Erzählers dieses Romans anfertigen, 3. die szenische Darstellung an einem Beispiel analysieren, 4. sublime Mechanismen der Leserlenkung an Beispielen aufzeigen.	1. Vergleich der HA 2. UG *Wer erzählt den Roman?* 3. EA Zusammenstellung der Aufgaben des Erzählers 4. Textanalyse S. 78, Z. 33–S. 93, Z. 3 **Das war am 2. Dezember […] und damit hängt es wohl zusammen.** (Vgl. Kap. 6.3.) 5. UG zum Spannungsfeld zwischen Subjektivität einer Erzählerfigur und dem *objektiven* Geschehen zu 1. Zu den Gütekriterien für die HA vgl. u. a. HA 11./12. Stunde. zu 2. Nach dem Lehrer-Impuls *Wer erzählt den Roman?* tragen die Schüler ihre Beobachtungen mit Begründung in einem UG zusammen, das vom Lehrer stichpunktartig an der Tafel fixiert werden sollte, z. B.:

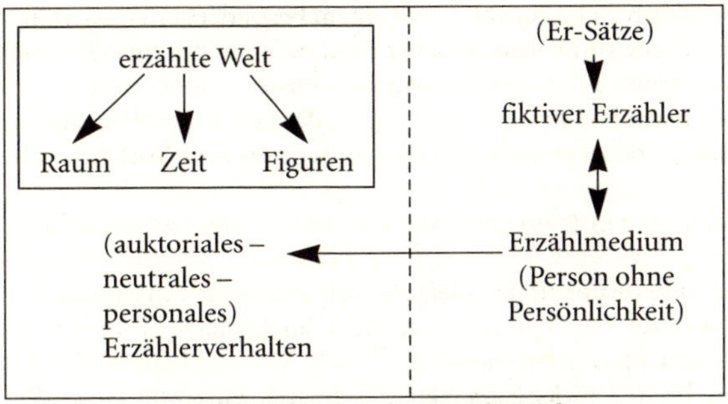

Nicht-Identität der Seinsbereiche

zu 3. Welche Aufgaben stellt sich der so fixierte Erzähler?
a. Strukturierung des Handlungsverlaufs
b. Ermöglichung von Selbstdarstellung der Personen durch das Gespräch durch: Schaffen von Überleitungen – Überbrückung von Zeiträumen – Skizzieren von Situationen – Zusammenführen der Figuren
zu 4. An diesen Funktionen wird erkennbar, dass sich die berichtende Erzählhaltung der szenischen Darstellung ganz untergeordnet hat. Zur exemplarischen Verdeutlichung der szenischen Darstellungsweise und ihrer Intention in diesem Roman bietet sich jetzt die Textanalyse S. 77 ff. in Anlehnung an Kap. 6.3 an.
zu 5. Das obige Textbeispiel zeigt sinnfällig die fließenden Übergänge zwischen Allgegenwart und Abwesenheit des Erzählers. Der Leser sieht sich der Unmittelbarkeit einer sich selbst entlarvenden Situation und den widersprüchlichen Grundhaltungen von Figuren ausgeliefert – auch so offenbart sich die sublime Lenkung durch den Erzähler. Zur Erarbeitung weiterer Mechanismen der Leserlenkung bieten sich u. a. folgende Leitfragen an, deren Antworten jeweils zu begründen sind:
a) Wie werden einzelne Figuren eingeführt?
b) Was erfährt der Leser über die Hochzeit, die Treffen mit Crampas, den Ehebruch?
c) Welche Stellung bezieht der Erzähler zu widerspruchsvollen Handlungen wie Ehebruch und Duell?
d) Wann greift der Erzähler klärend in das Geschehen ein?
e) In welchem Zusammenhang zeigt der Erzähler Anteilnahme?
f) Was erreicht der Erzähler mit der Vielfältigkeit der Perspektiven und den dadurch entstehenden zahlreichen Brechungen?

Hausaufgabe

Die Lerngruppe erhält das folgende Fragenpapier und wird im Zufallsverfahren in vier Untergruppen eingeteilt. Jedes einzelne Gruppenmitglied soll sich als HA auf die schriftliche Erörterung einer vorgegebenen Anzahl von Fragen vorbereiten: Gruppe 1 – Fragen 1–8, Gr. 2 – Fr. 9–16, Gr. 3 – Fr. 17–24, Gr. 4 – Fr. 25–32.
Die nachfolgende Aufstellung gibt eine Auswahl von möglichen Fragestellungen wieder. Die Stellungnahmen dazu sind zu begründen, mit Textverweisen zu belegen bzw. zu erklären. Die politischen, gesellschaftlichen und sozialen Fragen sollten mit ihrer jeweiligen heutigen Entsprechung verglichen und evtl. Wandlungen in ihrer historischen Ursächlichkeit verdeutlicht werden.

Stunden	Hausaufgabe
13./ 14.	A (nur LK): Für die Fragen 25 bis 32 böten sich einem besonders interessierten LK der provokative Aufsatz von Bernd W. Seiler *Effi, du bist verloren!*[224] und die **polemischen Anmerkungen** dazu von Christian Grawe[225] als Lektüre an. 1. Welche Gründe mögen Fontane bewogen haben, das Leben der Hauptfigur nach der Scheidung anders verlaufen zu lassen, als es das reale Vorbild erwarten lässt? 2. Trägt das Charakterbild Effis zufällige oder zeit- und gesellschaftstypische Züge? 3. Bieten Effis Charakterdispositionen ideale Voraussetzungen, um sie zum Opfer werden zu lassen, oder sprechen ihre menschlich vitalen Grundzüge eher gegen eine derartige Entwicklung? 4. Wie steht Effi zu ihrem Schicksal: ergeben, auflehnend, einsichtig, lernend? 5. Welchen Stellenwert nimmt die sogenannte *Schuldfrage* ein? Liegt überhaupt ein schuldhaftes Verhalten – einerseits im Sinne einer moralischen Schuld, andererseits als Schuld im Sinne des Gesetzes – vor? 6. In welcher Form führen Erfahrungen zu neuen Perspektiven bei den Beteiligten? 7. Wodurch begegnet der Erzähler der aufgrund der Handlungsarmut des Romans bestehenden Gefahr des Realitätsverlusts? 8. Durch welche Figurenkonstellationen ergibt sich das Prinzip der Wiederholung? 9. Welchen Widerspruch hat der Erzähler in die einzelnen Figuren hineingelegt? 10. In welchem Verhältnis stehen öffentliches und privates Leben der Romanfiguren zueinander? 11. Welche Motive seitens des Erzählers liegen den gewählten Momenten des Irrationalen zugrunde? 12. Wie drückt sich die ambivalente Einstellung des Erzählers aus und womit ist sie zu rechtfertigen? 13. Wenn wir davon ausgehen, dass Skepsis, Ironie und Zweifel Fontane-typische Einstellungen sind, worauf richten sie sich in diesem Roman? 14. Eine offensichtliche schriftstellerische Zersetzung der ungünstigen Zeitumstände ist nicht erkennbar. Was sind mögliche Motive dieser *neutral* anmutenden Vorgehensweise? 15. Durch welche Figuren und wie deuten sich Handlungsspielräume für Verhalten an? 16. Wie wird das Verhalten von Repräsentanten einer sozialen Schicht von Mitgliedern einer anderen sozialen Schicht reflektiert oder beurteilt?

17. Welche Sanktionen werden nach der Entdeckung der Briefe über die beteiligten Figuren verhängt? Wodurch unterscheiden sie sich und wie werden sie begründet?
18. Ist die Reaktion der Umwelt auf das Verhalten der Hauptfigur in Anbetracht der vergebenden Beurteilung einer Ehebrecherin durch Jesus Christus (Johannes 8, Vers 2 bis 11) gerechtfertigt?
19. Welche Kriterien für die Beurteilung menschlichen Verhaltens werden herangezogen?
20. Mit welchen erzählerischen Mitteln werden die Romanfiguren der Kritik des Lesers überantwortet?
21. Unter welchen Aspekten wird das Phänomen der Verjährung erörtert?
22. Was ist in diesem Roman der Preis, den der einzelne Mensch für die funktionierende Konvention zahlen muss?
23. Welchen Stellenwert misst der Erzähler den Kategorien *Korrektheit, Pflichtgefühl, Prinzipientreue,* welchen denen der *Menschlichkeit,* der *Nachsicht* und dem *Verzeihen* bei? Welchen Figuren und unter welchen Bedingungen werden diese Kategorien zugeordnet?
24. Welche Definitionen von Glück sind erkennbar und von welchen Bedingungen sind sie abhängig?
25. Wie stellt sich in diesem Roman die Institution der Ehe dar (Voraussetzung für die Eheschließung, der Ehealltag, die Frage der Kinderlosigkeit, die Auflösung der Ehe – jeweils zu betrachten aus der Perspektive des Mannes, der Frau, der betroffenen Eltern)?
26. Worin verdeutlichen sich die normativen Anforderungen der Gesellschaft im Verhalten der Hauptfigur?
27. Welchen Stellenwert nehmen politische Ereignisse in dem Roman ein?
28. Eröffnet der Roman Ansätze von Veränderungen von wie auch immer dargestellten Verhältnissen, Handlungsweisen oder Beziehungen der Individuen zueinander?
29. Wird die Kehrseite der historisch gewachsenen und gesellschaftlich notwendig erscheinenden Konvention reflektiert und infrage gestellt?
30. Finden die Figuren Perspektiven, die über gesellschaftliche Gesetzlichkeiten hinausweisen?
31. Gibt es deutliche Hinweise, dass in diesem Roman die Logik des Umbruchs des Gesellschaftssystems bereits verankert liegt?
32. Wie kann die folgende These beurteilt werden: **Nie werden wir auf irgendeine allgemeine Wahrheit hingewiesen, die sich hier konkretisierte, geschweige denn auf ein die Welt im ganzen beherrschendes Gesetz. Effis Schicksal ist nicht oder besser: wird uns nicht dargestellt als ein notwendiges.**[226]

Stunden	Thema	Didaktische Aspekte (Inhalte/Ziele)	Methodische Realisierung/ Verlauf
15./ 16.	Ergebnisse der vorausgegangenen Unterrichtsstunden	Die Schüler sollen 1. einzelne Aspekte des Romans und das Werk als Ganzes kritisch reflektieren, 2. die Gesellschaftskritik Fontanes – hier dargestellt am Widerstreit zwischen persönlichem Glücksstreben und gesellschaftlicher Norm am Beispiel der Ehe – beschreiben, analysieren und in ihrer aktuellen Bedeutung beurteilen und einschätzen, 3. bestimmte normative Ordnungen in ihrer Relevanz für das Individuum und für die Gesellschaft unter welchselnden historisch-sozialen Bedingungen relativieren.	1. Innenkreis-Außenkreis-Diskussion zu vorgegebenen Fragen s. o. 2. Protokollieren der Ergebnisse. A (PRO): *Ehen vor Gericht* – Szenische Darstellung der Scheidungssache Innstetten/Briest vor dem Familienrichter. zu 1. Die Grundstruktur der Methode Innenkreis – Außenkreis besteht darin, dass eine kleine Gruppe stellvertretend für die größere Lerngruppe ein Thema erörtert, Ergebnisse austauscht. Die Kleingruppe sitzt in der Mitte des

5 Produktionsorientierte Arbeitsvorschläge

- Schreiben eines Dialogs:
  Wiedersehen mit Annie (Kap. 33) – Neugestaltung unter Zugrundelegung von Material 3 (5./6. Std.).
- Fiktive Briefe:
  Liebesbriefe von Effi an Crampas und umgekehrt (7./8. Std.).
- Tagebuch:
  Effi und Innstetten – Ereignis nach Wahl – aber jeweils derselbe Tag (7./8. Std.).
- Telefongespräch:
  Effi spricht mit der Freifrau von Ardenne über ihre bevorstehende Scheidung von Innstetten (vgl. Material 1) (11./12. Std.).
- Hörspiel:
  Innstetten erklärt Annie die notwendige Trennung von der Mutter (11./12. Std.).
- Szenische Darstellung:
  (im Stil einer Fernsehproduktion) *Ehen vor Gericht* – Scheidungssache Innstetten/Briest (15./16. Std.).
- Wandzeitung:
  Zusammenstellung aller Ergebnisse (1./2. und 15./16. Std.).
- Bildnerische und plastische Gestaltung:
  (1./2., 7./8. und 15./16. Std.).

	Hausaufgabe
Raumes, die Großgruppe bildet den äußeren Stuhlkreis und hört dem Gespräch im Innenkreis zu. Der Lehrer selbst kann sich je nach Notwendigkeit dem Innen- oder Außenkreis zuordnen. Dieses Verfahren wird angewendet für die entsprechenden Gruppen mit den ihnen zugeordneten Fragen nach einer festgelegten Zeitvorgabe. zu 2. Jeweils ein Schüler des Außenkreises protokolliert die Ergebnisse der Innenkreis-Runde.	A (PRO): Eine ausgewählte Schülergruppe wird ausreichend lange vor der Unterrichtssequenz mit der Analyse von Sendungen der Fernsehreihe *EHEN VOR GERICHT* beauftragt; im Verlauf der Unterrichtssequenz bereitet diese Gruppe eine entsprechende Gerichtsverhandlung vor. Ein KRef zu *FONTANES EFFI BRIEST* IM ***weiten Feld*** DER *RECHTSPHILOSOPHIE*[227] wäre wünschenswert, ist aber nicht Voraussetzung (Auszug daraus s. Material 4).

6 Klausurvorschläge

Interpretation von Textstellen

1. Grundkurs
Themen aus den 32 Fragestellungen der 13./14. Stunde

2. Grundkurs/Leistungskurs
[...] ich will euch nicht mehr [...] wird es ja wohl nicht dauern. (318)
[...] weil er nüchtern und berechnend [...] auch noch grausam. (339)
Denn er hatte viel Gutes [...] ohne rechte Liebe ist. (340)
Nehmen Sie kritisch analysierend Stellung zu diesen Textstellen und erklären und begründen Sie den Widerspruch, der in ihnen enthalten ist.

3. Leistungskurs
Aber man lebt doch nicht bloß [...] mit Recht verurteilen. (320)
Man ist nicht bloß ein einzelner Mensch [...] Ich habe keine Wahl. Ich muß. (272 f.)
Erläutern Sie die hinter diesen Aussagen stehende Lebensphilosophie, überprüfen Sie die Relevanz für unser heutiges Dasein und leiten Sie daraus Konsequenzen für eigenes Tun und Handeln ab.

Übergreifende Interpretationsaufgaben

1. Grundkurs
Setzen Sie sich kritisch mit dem Charakterbild Crampas' auseinander, und leiten Sie daraus Effis Neigung ab, ihm zu verfallen.

2. Grundkurs/Leistungskurs
Der Kontrast zwischen den Ansprüchen des Individuums und denen der Gesellschaft offenbart sich nicht allein in den Beziehungen der am Konflikt unmittelbar beteiligten Hauptfiguren; er wiederholt sich auch in den übrigen Figurenkonstellationen. Beweisen Sie diese These am Beispiel des Ehepaares Briest im gesamten Verlauf des Romans.

3. Leistungskurs
Der Erzähler beginnt jede Erzählphase – die dritte ausgenommen – mit einer Fixierung des neuen Handlungsraumes. Stellen Sie das Typische der jeweiligen Schauplätze dar und zeigen Sie Strukturparallelitäten zwischen Raumbedingungen und Handlungsverlauf.

7 Materialien

Material 1

HANS-WERNER SEIFFERT: *DIE ARDENNE-AFFÄRE*

Elisabeth Freiin von Plotho wurde 1853 auf dem elterlichen Gute Zerben bei Parey an der Elbe geboren, sie erhielt frühzeitig – zu ihrem Leidwesen – den Rufnamen Else. Im Alter von sieben Jahren verlor sie den Vater. Sie war das jüngste von fünf Kindern und wuchs wild und eigenwillig auf. Besonders gern tobte sie mit einer Horde von fünf Jungen umher, die auf ihren Pfiff eilfertig erschienen. Auch als sie vierzehn Jahre alt war, ließ sie trotz aller Ermahnungen nicht von ihrem Fünfgespann, mit dem sie noch immer wild spielte. Bei diesem Treiben wurde der fünf Jahre ältere Fähnrich Armand Léon von Ardenne als Störenfried empfunden, wenn er mit seinen Kameraden von den Zieten-Husaren aus Rathenow herübergeritten kam. Ardenne, ein ehemaliger Thomaner, war militärisch, literarisch und musikalisch weit mehr als der Durchschnitt begabt. Else hingegen, von einer wenig guten Erzieherin unterrichtet, von einem den Fragen der Kinder wehrenden Pfarrer betreut, dessen Redensart war: Darüber denkt man nicht nach!, gelangte vor ihrer Ehe über eine mittlere Bildung nicht hinaus. [...] Else besaß reiche Phantasie und einen gesunden Menschenverstand. Gegen den inzwischen zum Leutnant beförderten Ardenne, dessen Klugheit und Bildung allgemein gerühmt und der ihr von allen Seiten als Muster empfohlen wurde, steigerten sich ihr Ärger und ihre Abneigung immer mehr, so daß sie sich oft vor den einreitenden Husaren mit ihren fünf Jungen hinter einer Hecke verbarg. Diese Abneigung gedieh zum Zorn, wenn Mama den Diener Karl mit dem Befehl schickte: Else komm, der junge Ardenne spielt Klavier! [...] Die Werbung Ardennes wurde immer intensiver, bis er sich ernstlich Hoffnung auf Else machte, aber er wurde abgewiesen. [...] Der Ausbruch des deutsch-französischen Krieges 1870, die ganze Gestimmtheit dieser Tage, brachten aber dann doch eine Annäherung zwischen Else und Armand. Ardenne, dem das Eiserne

Kreuz verliehen wurde, hatte sich ebenso wie Elses schneidiger Bruder, der Leutnant Wolf von Plotho, besonders ausgezeichnet. Als Ardenne nach erlittener Verwundung wieder zu den Rathenower roten Husaren zurückkehrte, fand, wie es scheint nach entsprechender Vermittlung der Mutter, die mit Ardenne Briefe gewechselt hatte, am 7. 2. 1871 die Verlobung des 22jährigen mit der 17jährigen in Stechow bei ihrem Onkel Bredow statt. Der Vater Ardennes verlangte drei Wartejahre, Armand aber setzte sich durch und, nachdem er Consens erhalten hatte, wurde die Ehe am 1. 1. 1873 in Zerben geschlossen. Noch am Hochzeitsabend bezog das junge Paar die von der Mutter eingerichtete Wohnung am Lützowufer in der Nähe des (alten) Zoologischen Gartens in Berlin. [...] Im Sommer 1881 kehrte Ardenne als Rittmeister und Eskadronchef wieder zu den 11. Husaren nach Düsseldorf zurück. Alte Beziehungen, schon beim ersten Aufenthalt gewonnen, besonders zur Künstlervereinigung des Malkastens, wurden wieder aufgenommen und vielerlei freundschaftliche Bande geknüpft. [...] Die Herrin, wie sie sich selbst nannte und genannt sein wollte, war Else Freifrau von Ardenne. [...] Besonders nahe aber stand dem Hause Ardenne das Haus des Amtsrichters Emil Hartwich. [...] Hartwich war in der Art seiner Begabung Ardenne wesensverwandt: überaus vielseitig, interessiert, aufgeschlossen. [...] Seine Ehe, aus der mehrere Kinder stammten, schien nicht glücklich zu sein. Er befand sich oft auf Vortrags- und Bildungsreisen, auf denen er Galerien und Sammlungen besuchte. Auch seine Frau, die in seinen Briefen an Frau von Ardenne immer in den Hintergrund tritt, verreiste viel allein. Zuweilen führte er beinahe ein Bohemien-Dasein. Er verstand es, unaufdringlich, mit kleinen Seitenblicken auf Armand, sich Else immer unentbehrlicher zu machen, mit der er in vielem übereinstimmte, in manchem auch, was sie von Armand trennte, vor allem in der Lust zu Kostümierung und Theaterspiel. Einen Tag nach dem ersten und letzten Ausritt mit der Baronin erfuhr er die Versetzung der Ardennes nach Berlin. Armand war zum 1. Oktober 1884 ins Kriegsministerium kommandiert worden. Zwischen Hartwich und der Baronin wurde nun der freundschaftliche Briefwechsel fortgesetzt, den sie schon in Benrath begonnen hatten. Der Amtsrichter, der unterdessen Aussicht auf eine Landratsstelle hatte, kam gelegentlich auch nach Berlin zu Verwandtenbesuch, im Sommer des Jahres 1886 dann häufiger. Hier reifte, während der Baron sich in einem Manöver befand, auch der Plan beider, sich von ihren Ehegatten scheiden zu lassen und selbst eine Ehe einzugehen. Hartwich hatte in allen Einzelheiten genau überlegt, wie dies zu erreichen sei. Aber Armand, der Argwohn gefaßt hatte, verschaffte sich mittels eines Nachschlüssels aus einer wohlverwahrten Kassette die Briefe, die Hartwich an Else geschrieben hatte, und legte sie als Indizien der Scheidungsklage zugrunde. Nach eingeholtem Geständnis forderte von Ardenne, der schon mehrfach duelliert hatte, seinen ehemaligen Freund Hartwich, der übrigens ein ausgezeichneter Pistolenschütze war. Die Klageschrift, das einzige aus dem Prozeß erhaltene Dokument, vermerkte: Am 27. November cr. fand zwischen dem Ehemann von Ardenne und Hartwich ein Zweikampf statt, bei dessen Beendigung der schwer verwundete Hartwich seinen Gegner wegen der ihm angethanen schweren Kränkung noch um Verzeihung bat. Hartwich ist am 1. December cr. mit Tode abgegangen. [...] Am 15. 3. 1887 wurde die Ehe zwischen Armand und Else von Ardenne rechtskräftig geschieden. Die Kinder sprach das geltende Recht dem Vater zu, der zwar Beziehungen zu ihnen der Mutter nicht versagen konnte, sich jedoch nicht bereitfand, darüber ein Abkommen zu treffen. Er wollte die Kinder

Material 1

der Mutter nicht entfremden, aber alle Regungen von künftigen Verhältnissen abhängig machen. Diese Haltung hat der Mutter auch in der Folgezeit immer wieder ernsthaft Kummer bereitet. [...] Else von Ardenne hat sich nach ihrer Scheidung ganz dem dienenden Leben an hilfsbedürftigen und kranken Menschen geweiht. Noch aus ihren späten Bildnissen leuchtet eine frühere Schönheit, die eigentlich Schönheit der Seele ist, verbunden mit edler Menschlichkeit. Ein Jahr vor ihrem 100. Geburtstag ist Frau von Ardenne 1952 in Lindau am Bodensee gestorben.

(aus: Seiffert, Hans Werner (unter Mitarbeit von Christel Laufer): Fontanes Effi Briest und Spielhagens Zum Zeitvertreib. a.a.O., 260 ff.) 1./2. Std. der Unterrichtssequenz dieser Arbeit.)

Material 2

Das Fontane-Bild im Spiegel des Rezeptionsprozesses

(zusammenfassende Darstellung 1./2. Std. d. Unterrichtssequenz)

Das Bild Fontanes in der Wilhelminischen Ära (bis 1918) trägt patriotische Züge. Als Wanderer durch die Mark Brandenburg preußisch-konservativer Prägung erfährt Fontane die Huldigungen der Bildungswelt am Vorabend zum 1. Weltkrieg. Diese Zeit ist geprägt von der diplomatischen Isolation aufgrund wirtschaftlicher und politischer Expansionsstrebungen des Deutschen Reiches. Innenpolitische Interessengegensätze können nicht überwunden werden. In einer Phase der allgemeinen Unsicherheit der Gesellschaft auf dem Scheideweg zwischen nicht mehr vorhandenen Strukturen traditioneller Art und noch nicht existierenden Formen technokratischer Prägung glaubt das Bildungsbürgertum fest an die Unerschütterlichkeit der preußisch-deutschen Welt; und man preist Fontane als Verherrlicher Preußens und der Hohenzollern. Selbst nach der Veröffentlichung seiner Briefe 1905 bleibt er für seine Leser der liebenswürdige und humorvolle Plauderer.

Weltwirtschaftskrise, Massenarbeitslosigkeit und eine allgemeine politische Zerrissenheit bestimmen die Epoche der Weimarer Zeit (bis 1933). Breite Bevölkerungsschichten entziehen sich einerseits dem politischen Anspruch, andererseits neigen sie dazu, demokratische Prinzipien zugunsten eines autoritären Systems aufzugeben. Fontanes Leser verherrlichen den für das Preußentum eintretenden Dichter und widmen sich mit besonderem Interesse seinen Berliner Gesellschaftsromanen.

Im Oktober 1933 muss der gesamte Nachlass Fontanes aufgrund materieller Not seines Sohnes Friedrich versteigert werden; das Material gelangt entweder in private Hände oder wird in ein Fontane-Archiv aufgenommen, zu dessen Errichtung sich die Brandenburgische Provinzialverwaltung in Potsdam entschließt. Der neuerdings wiederum durch seine Briefe offensichtlich werdende, ganz anders sich darstellende kritische und gar problematische Fontane führt noch immer nicht zu einer veränderten Einstellung ihm gegenüber. Der Nationalsozialismus (bis 1945) kann den kritischen Fontane weniger in seine Dienste stellen als seine ideologischen Vorgänger. Das Publikum schätzt vielmehr Fontanes echte Deutschheit und sein gesundes völkisches Bewusstsein. Die Gründgens-Verfilmung der Effi Briest des preußisch-märkischen Dichters als »Ein Schritt vom Wege« (1939) findet ein großes Echo.

Nach dem 2. Weltkrieg besinnt man sich auf der Suche nach tragfähigen Werten wieder auf den Romancier Fontane. Je nach politischer Blickrichtung wird er als Chronist einer untergegangenen Epoche, als Kritiker einer morbiden Gesellschaft oder als demokratischer Dichter empfohlen. Der entscheidende Wandel in der Fontane-Rezeption und die große Fontane-Renaissance in Ost und West beginnen mit der Veröffentlichung der Friedländer-Briefe 1954. In der Zeit nach seinem 150. Geburtstag (1969) wird Theodor Fontane als ein Gesellschaftskritiker ersten Ranges eingestuft. In der DDR feiert man ihn als Ankläger der preußisch-wilhelminischen Gesellschaft und läßt ihn hier zu einem festen Bestandteil des eigenen Kulturgutes werden. **Material 2**

Zu Fontanes Werk liegt eine Fülle von Analysen vor, denen es nicht immer gelingt, die ideologischen Grenzen der jeweiligen Epoche zu überwinden und darum gerade dem verfallen, wovor der Dichter warnt: dem Absolutheitsanspruch von Werten und Wahrheiten, die sich nicht der Menschlichkeit, sondern wechselhaften politisch-sozialen Strömungen verschrieben haben.

Elisabeth Hofmann: **Wiedersehen mit Annie** **Material 3**

Daß der Erzähler Fontane an der Person und den Gefühlen Annies relativ wenig interessiert ist, hindert ihn nicht, ein sehr präzises, stimmiges Portrait des Kindes zu zeichnen. Annies ängstliche, gehemmte und defensive Haltung wird sensibel geschildert. Bemerkenswert ist, wie sie auf Effis Begrüßung, die fast einer Überrumpelung gleichkommt, reagiert. Sie weiß nicht wohin mit ihren Händen und ist verunsichert, daß sie sich an den äußersten Rand eines der Mutter gehörenden Gegenstandes, den Zipfel der Tischdecke klammert. In diesem Moment durchaus einfühlsam, eröffnet Effi das Gespräch mit der Frage, ob Annie wahrgenommen habe, daß die Mutter sie von weitem gesehen hat. Die Antwort des Kindes »Ja, mir war es auch so« ist ein sehr differenziert formuliertes Zugeständnis. Annie verweigert sich der Mutter also keineswegs von vornherein, und sie plappert auch nicht bloß wie ein Papagei eingetrichterte Phrasen daher. Doch Effi ergreift die Chance, die ihr hier geboten wird, nicht. Statt nämlich weiterhin behutsame Fragen zu stellen, sprudelt es ziemlich gedanken- und gefühllos aus ihr heraus. [...] Trotz allem läßt sich Annie, wenn auch zögernd, weiterhin auf das Gespräch mit der Mutter ein. [...] Um weiter zu verdeutlichen, daß auch Effi selbst als verantwortlich für das Scheitern der Begegnung anzusehen ist, braucht man nur die Frage nach einem alternativen Handlungsablauf zu stellen. Warum legt Effi nicht die dringend notwendige Gesprächspause ein? Warum ist sie nicht imstande, die für beide peinliche Situation dadurch zu entspannen, daß sie der Tochter Kakao und Kuchen anbietet? Auch auf die Gefahr hin, daß Annie vielleicht mit der Begründung ablehnt, sie dürfe Johanna nicht länger vor dem Haus warten lassen. Statt dessen bestürmt Effi ihre Tochter mit Vorschlägen für ein baldiges Wiedersehen, für gemeinsame Spaziergänge und Eisessen in der Konditorei: Ananas- oder Vanilleeis, das aß ich immer am liebsten. Und erst auf diese erneut höchst ungeschickten, überdies selbstbefangenen Vorschläge, die zugleich zeitliche Verschiebung, also Vermeidung einer wirklichen Zuwendung bedeuten, reagiert das schreckliche Kind, das möglicherweise lieber Schokoladeneis ißt, mit dem monotonen, fast schon zum geflügelten Wort gewordenen »O gewiß wenn ich darf«. Erst jetzt wird Annies Ablehnung der Mutter manifest und irreversibel, während in dem vorangegangenen Dialog ihre Gefühle eher ambivalent, im Sinne von unsicher, aber doch auch offen, zu sein scheinen. Der Besuch endet abrupt – im Grunde handelt es sich um einen Rausschmiß –, und Effi bricht zusammen.

(aus: Hoffmann, Elisabeth: Annie von Innstetten – noch eine Nebenfigur in Effi Briest. Zur Dekonstruktion einer Schlüsselszene des Romans, a.a.O., 80 ff.)

Material 4 Bernhard Losch: **Veränderung des Zeitgefühls und Befreiungsleistung des Rechts**

Natürlich konnte es nicht Aufgabe des Schriftstellers Fontane sein, die Rechtsfragen zu vertiefen. Vielmehr ging es bei Effi Briest, wie auch bei den anderen Eheromanen dieser Zeit, darum, am Beispiel des Ehekonflikts die grundsätzliche Veränderung der Gesellschaftsordnung und Lebenseinstellung einschließlich der sozialen Rolle der Frau widerzuspiegeln. Dazu eignete sich der Ehekonflikt ganz besonders, denn abgesehen von dessen menschlicher Brisanz erlaubte der konventionelle Druck, der auf der Ehebindung lag, daß am nicht mehr stillschweigend verdrängten, sondern offenbar werdenden Scheitern der Beziehung der Zwiespalt zwischen der hergebrachten Ordnung und der sich entwickelnden sozialen Befreiung zu einer persönlichkeitsbezogenen Humanität ins Licht gerückt werden konnte.

Zu leisten war daher vor allem, daß das neue Lebensgefühl der traditionellen Unterdrückung gegenübergestellt und der Gegensatz fühlbar gemacht wurde. Im Vordergrund steht folglich der Konflikt als solcher, gekennzeichnet durch den Charakter der überkommenen und die Ansätze zu neuen Lebenseinstellungen. Was Fontane dabei beschäftigte, war nicht nur der Gegensatz, sondern auch die Verschlungenheit der Auffassungen ineinander; daher war er darauf bedacht, so wie die selbstverständlich zu befürwortenden Seiten des Neuen und die abzulehnenden des Alten, umgekehrt auch die guten Seiten des Alten und die Fragwürdigkeit des Modernen bewußt zu machen. [...]

Was in Effi Briest zur Befreiung der Frau aus der überalterten Vorherrschaft des Mannes und des standesverpflichteten Verheiratungsdenkens sowie zur Anerkennung des natürlichen Lebensgefühls angedeutet wird, hat sich rechtlich inzwischen mit der Entwicklung der menschenwürdebestimmten Grundrechte durchgesetzt. Die Position des einzelnen ist dadurch nicht nur dem Staat gegenüber, sondern auch in der von diesem formierten Gesellschaft erheblich verselbständigt und die Gleichberechtigung der Frau zunehmend durchgesetzt worden.

Im Verhältnis des einzelnen zur Gesellschaft wiederholt sich auf anderer Ebene die Polarität des Normativen, das die empirische Komplexität auf den abstrakten Nenner der Regelung zwingt, der, wenn er, wie in Effi Briest, unzulänglich wird, zur Unangemessenheit und praktischen Ungerechtigkeit führt. Die Entwicklung der differenzierten Grundrechtsfunktionen versucht, unerträgliche Unausgeglichenheiten zu vermeiden und setzt den Weg zu einer individualitäts- und gemeinschaftsfördernden Beachtung der grundrechtsrelevanten Komponenten fort.

Die Funktionsdifferenzierung auf der Grundrechtsebene entspricht der allgemeinen Durchdringung des Rechts mit der Erkenntnis seiner konstitutiven Faktoren, die zur ständigen Präzisierung der Anwendungsmethoden und Gerechtigkeitstheorien führte, wobei der gegenwärtig favorisierte diskursive Standpunkt eine entfernt anklingende sprachlich-künstlerische Vorstudie in der Fontaneschen Gesprächsdarstellung findet, die der Aufdeckung vielfältiger Wahrheitsaspekte dient.

(aus: Losch, Bernhard: Fontanes Effi Briest im weiten Feld der Rechtsphilosophie, a.a.O., 1102 f. – unter Verzicht auf die Übernahme der zahlreichen Anmerkungen 15./16. Std. d. Unterrichtssequenz)

Anhang

Anmerkungen

1 Peter Demetz unterscheidet zwischen drei Formen in Fontanes Erzählwerk: 1. der historische Roman, 2. der Kriminalroman und 3. der Gesellschaftsroman. Vgl. Demetz, Peter: Formen des Realismus: Theodor Fontane. München 1964, 12

2 Vgl. zu Lebenslauf Attwood, Kenneth: Fontane und das Preußentum. Berlin o. J., 1. Aufl., 31 ff.

3 Mann, Thomas: Anzeige eines Fontane-Buches (1919). In: Reden und Aufsätze I, Stockholmer Gesamtausgabe der Werke. Frankfurt 1965, 298

4 Vgl. Herrmann, Helene: Theodor Fontanes *Effi Briest*. In: Die Frau 19 (1911–1912), 679

5 Martini, Fritz: Deutsche Literatur im bürgerlichen Realismus 1848–1898. Stuttgart 1962, 745

6 Vgl. Müller-Seidel, Walter: Fontanes *Effi Briest*. Zur Tradition des Eheromans. In: Wissenschaft als Dialog, Wolfdietrich Rasch zum 65. Geburtstag. Hrsg. v. Renate von Heydebrand u. Klaus Günther Just. Stuttgart 1969, 30 f.

7 Vgl. ders.: Theodor Fontane. Soziale Romankunst in Deutschland. Stuttgart 1975, 332 f.

8 Vgl. Liesenhoff, Carin: Fontane und das literarische Leben seiner Zeit. Eine literatursoziologische Studie. Bonn 1976, 115

9 Vgl. Demetz, Peter: a.a.O.; Lukács, Georg: Der alte Fontane. In: Lukács Georg: Die Grablegung des alten Deutschlands. Reinbek b. Hamburg 1967, 120–159

10 Vgl. zur ›Ardenne-Affäre‹ Seiffert, Hans Werner (unter Mitarbeit von Christel Laufer): Fontanes *Effi Briest* und Spielhagens *Zum Zeitvertreib* – Zeugnisse und Materialien. In: Seiffert, Hans Werner (Hrsg.): Studien zur neueren dt. Literatur. Berlin 1964, 255 ff., s. Material 1

11 Fontane, Theodor: Brief an Joseph Viktor Widmann vom 27. April 1894. In: Fontanes Briefe in zwei Bänden. Ausgewählt und erläutert v. Gotthard Erler. 2. Bd. Berlin und Weimar 1968, 1. Aufl., 338 f.

12 Vgl. Fontane, Theodor: Brief an Joseph Viktor Widmann vom 27. April 1894. In: Fontanes Briefe in zwei Bänden. a.a.O., 337 ff.

13 Fontane, Theodor: Brief an Friedrich Spielhagen vom 21. Februar 1896: »[...] Mir wurde die Geschichte vor etwa 7 Jahren durch meine Freundin und Gönnerin Lessing (Vossische Zeitung) bei Tisch erzählt [...]« In: Fontanes Briefe in zwei Bänden. a.a.O., 394

14 Ders., a.a.O., 394 f.

15 Vgl. Herrmann, Helene: a.a.O., 687

16 Vgl. Seiffert, Hans Werner: Fontanes *Effi Briest* und Spielhagens *Zum Zeitvertreib*. a.a.O., 258 ff.

17 Vgl. ders.: Zu Fontanes *Effi Briest*. In: O. V.: Theodor Fontanes Werk in unserer Zeit. Potsdam 1966, 82 ff.

18 Elisabeth Freiin von Plotho trug den Rufnamen Else. Vgl. Seiffert, Hans Werner: Fontanes *Effi Briest* und Spielhagens *Zum Zeitvertreib*. a.a.O., 260

19 Vgl. ders.: Zu Fontanes *Effi Briest*. a.a.O., 83

20 Fontane, Theodor: Brief an Hans Hertz vom 2. März 1895. In: Fontanes Briefe in zwei Bänden. a.a.O., 368

21 Vgl. Wandrey, Conrad: Theodor Fontane. München 1919, 266 ff.
Im Zusammenhang mit der Anregung zur Konzeption des Romans relativiert Conrad Wandrey allerdings die Aussagekraft von Selbstzeugnissen und warnt vor ihrer Überschätzung für die Erklärung und Entstehung eines Werkes. Vgl. ders.: a.a.O., 268

22 Vgl. Hermann, Helene: a.a.O., 543–544, 610–623,677–694; zu den Arbeitsschichten vgl. besonders Fußnote 1, 684 f.

23 Vgl. Behrend, Fritz: Aus Fontanes Werkstatt. Berlin MCMXXIV, 15, und ders.: Theodor Fontane. Zu seinem Leben und Schaffen. Berlin 1933, 47 ff.

24 Vgl. Thanner, Josef: Die Stilistik Theodor Fontanes. The Hague, Paris 1967, 126 ff.

25 Thanner, Josef: Die Stilistik Theodor Fontanes. a.a.O., 133

26 Fontane, Theodor: Brief an Georg Friedländer vom 29. November 1893. In: Fontanes Briefe in zwei Bänden. a.a.O., 319

27 Fontane, Theodor: Brief an Paul Schlenther vom 11. November 1895. In: Fontanes Briefe in zwei Bänden, a.a.O., 385 f.

28 Schillemeit, Jost: Theodor Fontane. Geist und Kunst seines Alterswerks. Zürich 1961, 80

[29] Fontane, Theodor: Tagebucheintragung. In: Heilborn, Ernst (Hrsg.): Das Fontane-Buch. Berlin 1921, 6.–9. Aufl., 189

[30] Fontane Nymphenburger Taschenbuch-Ausgabe in 15 Bänden. Bd. 6: *L'Adultera* Roman, *Graf Petöfy* Roman; Bd. 8: *Cécile* Roman; Bd. 10: *Unwiederbringlich* Roman. München 1969

[31] Vgl. Martini Fritz: Deutsche Literatur im bürgerlichen Realismus. a.a.O., 747

[32] Herrmann, Helene: a.a.O., 681

[33] Helene Herrmann weist darauf hin, dass die Ehe von Fontanes Eltern an dem Charaktergegensatz zwischen einem jovial-liebenswürdigen Vater und einer achtungswerten, aber tief unliebenswürdigen Mutter gescheitert ist. Vgl. hierzu dies.: a.a.O., 681 f.

[34] Paul, Adolf: Der Einfluß Walter Scotts auf die epische Technik Theodor Fontanes. Breslau 1934, 121

[35] Vgl. Wandrey, Conrad: a.a.O., 272

[36] Vgl. Brinkmann, Richard: Theodor Fontane. Über die Verbindlichkeit des Unverbindlichen. München 1967, 81

[37] Vgl. Martini, Fritz: Deutsche Literatur im bürgerlichen Realismus 1848–1898. a.a.O., 790

[38] Vgl. hierzu u. a. Quabius, Richard: Die Gestaltung des Raumes in Theodor Fontanes Roman *Effi Briest*. In: Acta Germanica 5 (1970), 133 ff.

[39] Bereits an dieser Stelle überlässt Fontane seiner Hauptfigur »das Wort zur Selbstdarstellung im Gespräch«; s. Wölfel, Kurt: »Man ist nicht bloß ein einzelner Mensch«. In: Zeitschrift für deutsche Philologie 82 (1963), 157

[40] »[…] Auch die äußere Erscheinung wurde mir durch einen glücklichen Zufall an die Hand gegeben; ich saß im Zehnpfund-Hotel in Thale, […] als ein englisches Geschwisterpaar, er 20, sie 15, auf den Balkon hinaustrat […] Das Mädchen war genau so gekleidet, wie ich Effi in den allerersten und dann auch wieder in den allerletzten Kapiteln geschildert habe […]« Fontane, Theodor: Brief an Hans Hertz vom 2. März 1895. In: Fontanes Briefe in zwei Bänden. a.a.O., 368

[41] Diese Effi scheint in der in der Anfangsszene dargestellten Weise geradezu prädestiniert zu sein für ein anderes Leben als das, »was ihr die Welt zuteil werden läßt«. Gilbert, Mary Enole: Fontanes *Effi Briest*. In: Der Deutschunterricht 11 (1959), 4, 71

[42] Eine Ausnahme bildet hier der letzte Teil des letzten Absatzes im dritten Kapitel: »[…] Nur das Eleganteste gefiel ihr, und wenn sie das Beste nicht haben konnte, so verzichtete sie auf das Zweitbeste, weil ihr das Zweite nun nichts mehr bedeutete. Ja, sie konnte verzichten, darin hatte die Mama recht, und in diesem Verzichtenkönnen lag etwas von der Anspruchslosigkeit; wenn es aber ausnahmsweise mal wirklich etwas zu besitzen galt, so mußte dies immer was ganz Apartes sein. Und ***darin*** war sie anspruchsvoll.« (24)

[43] Vgl. Martini, Fritz: Deutsche Literatur im bürgerlichen Realismus 1848–1898. a.a.O., 790

[44] Ausnahme: der nicht vollendete Roman *Mathilde Möhring*

[45] Auf diesen letzten, für die Kapiteleinteilung wichtigen Faktor verweist Mary Enole Gilbert z. B. nicht. Vgl. hierzu dies.: Das Gespräch in Fontanes Gesellschaftsromanen. Palaestra 174, Leipzig 1930, 51

[46] Vgl. Fontane, Theodor: Brief an Friedrich Spielhagen vom 21. Februar 1886. In: Fontanes Briefe in zwei Bänden. a.a.O., 394 f.

[47] Vgl. hierzu *Effi Briest*,

1. Szene:	S. 142 ff.	
	Personen:	Effi, Crampas, Innstetten
	Ort:	auf der Veranda
	Gespräch:	Todesarten, Leben in Kessin
2. Szene:	S. 147 ff.	
	Personen:	Effi, Crampas, Innstetten, Knut, Kruse
	Ort:	am Meer
	Gespräch:	Robbenjagd, Hafenpolizei, Gieshüblers Grundsätze
3. Szene:	S. 150 ff.	
	Personen:	Effi, Crampas, Knut
	Ort:	am Meer
	Gespräch:	Kriegs- und Regimentsgeschichten, Anekdoten, Charakterzüge von Innstetten
4. Szene:	S. 155 ff.	
	Personen:	Effi, Crampas, Kruse
	Ort:	am Meer (Rast)
	Gespräch:	die tödliche Rache des Königs Don Pedro an dem von der Königin geliebten Calatravaritter – die Auslegung eines Heinegedichtes durch Major Crampas

[48] Demetz, Peter: a.a.O., 141

[49] Vgl. ders.: a.a.O., 139 ff.

50 Der Fund der die Katastrophe auslösenden Briefe ist u. a. von Friedrich Spielhagen kritisiert und als »Notbehelf des Dichters« angesehen worden. Vgl. ders.: Neue Beiträge zur Theorie und Technik der Epik und Dramatik. Leipzig 1898, 109 f.

51 Vgl. Wandrey, Conrad: a.a.O., 272

52 Demetz, Peter: a.a.O., 179

53 Fontane, Theodor: Werke. Literarische Essays und Studien. Erster Teil. Gesammelt und hrsg. v. Kurt Schreinert. München 1963, 206 f.

54 Rychner, Max: *Effi Briest*. In: Rychner, Max: Welt im Wort. Literarische Aufsätze. Zürich 1949, 253

55 Vgl. Tau, Max: Der assoziative Faktor in der Landschafts- und Ortsdarstellung Theodor Fontanes. Kiel 1928, 54

56 Auf die Bedeutung gerade dieses Raumes weist Conrad Wandrey hin: »Was wäre nun eine ›Effi Briest‹ ohne Hohen-Cremmen, mit einem Rheinstädtchen statt Kessin?« Ders.: a.a.O., 269

57 Cordula Kahrmann spricht von idyllischen Details, die die räumliche Anschauung bestimmen. Vgl. dies.: Idylle im Roman. Theodor Fontane. München 1973, 123

58 Vgl. Tau, Max: a.a.O., 10 ff.

59 Vgl. Quabius, Richard: a.a.O., 136

60 Der alte Briest über Effis Einstellung zu Hohen-Cremmen: »Eigentlich ist es, als wäre dies immer noch ihre Heimstätte.« (247) und ebenfalls Effis Äußerung als Begründung für die Ablehnung einer Genesungsreise nach Italien: »Ich mag nicht mehr weg von Hohen-Cremmen, hier ist meine Stelle.« (327)

61 »Sie saßen dann oben in der luftigen großen Stube [...]« (137)

62 »Effi und Frau von Briest aber rückten ans offene Fenster und sahen [...] auf den Park hinunter, auf die Sonnenuhr oder auf die Libellen, die beinahe regungslos über dem Teich standen, oder auch auf den Fliesengang [...]« (137); diese Szenerie mit ihren genannten Details wird am Ende des Romans zwar im erweiterten Kontext, aber in fast wörtlicher Entsprechung wiederholt beschrieben: »[...] beide (die Eltern, d. Verf.) saßen auf dem schattigen Steinfliesengange, den Gartensaal im Rücken, das Rondell mit der Sonnenuhr vor sich. Der um die Fenster sich rankende wilde Wein bewegte sich leis in dem Luftzuge, der ging, und über dem Wasser standen ein paar Libellen im hellen Sonnenschein.« (320) Diese zwei Beispiele mögen u. a. verdeutlichen, wie stereotyp sich der Erzähler teilweise bestimmter leitmotivischer Chiffren bedient.

63 Das Schaukelmotiv taucht wieder auf in der Verandaszene in Kessin (140 ff.).

64 Vgl. S. 300: »These last words subsume a great deal that has been said earlier, the whole complex of Hohen-Cremmen in Effi's mind, the sense of guilt but also the sense of ›Geborgensein‹ [...]« Carter, T. E.: A Leitmotif in Fontane's *Effi Briest*. In: German Life and Letters (1956/57) NS 10, 39

65 »Wie tat ihr das alles so wohl. Neben dem Kirchturm stand der Mond und warf sein Licht auf den Rasenplatz mit der Sonnenuhr und den Heliotropbeeten.« (251 f.) »Ich mag nicht mehr weg von Hohen-Cremmen, hier ist meine Stelle. Der Heliotrop unten auf dem Rondell, um die Sonnenuhr herum, ist mir lieber als Mentone«. (288)

66 »[...] Rhabarberstauden; die haben so große Blätter, noch größer als ein Feigenblatt [...]« (18)

67 Vgl. zur Raumgestaltung Hohen-Cremmens besonders: Quabius, Richard: a.a.O., S. 136 ff.

68 Vgl. hierzu Demetz, Peter: a.a.O., 204 – unter Bezugnahme auf die Arbeit von Tau, Max: a.a.O.

69 Demetz, Peter: a.a.O., 204

70 Vgl. Tau, Max: a.a.O., 25

71 Quabius, Richard: a.a.O., 141, und vgl. auch die damit verbundenen Anm. 38, 39, 40 und 41

72 Die »symbolic quality exists due to the fact that fiction appears as fictional reality, as a parallel, so to speak, to historic reality. In such a parallel we have an interpreting import which historical reality does not possess.« Thanner, Josef: Symbol and function of the symbol in Theodor Fontane's *Effi Briest*. In: Monatshefte für deutschen Unterricht (Wisconsin) 57 (1965), 190

73 Quabius, Richard: a.a.O., 142

74 Fontane, Theodor: Brief an Gustav Karpeles vom 18. August 1880. In: Fontanes Briefe in zwei Bänden. a.a.O., 27

75 Kahrmann, Cordula: a.a.O., 127

76 Fleig, Horst: Sich versagendes Erzählen »Fontane«. Göppingen 1974, 75

77 Vgl. hierzu Avery, George: The Chinese Wall: Fontane's psychograph of Effi Briest. In: Views and Reviews of modern German literature. Festschrift for Adolf D. Klarmann. München 1974, 21. Avery spricht von Innstettens »own uncertainty«.

78 Vgl. Tau, Max: a.a.O., 72 f.

79 Vgl. Quabius, Richard: a.a.O., 144

80 Mittenzwei, Ingrid: Die Sprache als Thema – Untersuchungen zu Fontanes Gesellschaftsromanen. Bad Homburg, Berlin, Zürich 1970, 139

81 In Venedig zerbrach die Brücke nicht; in Kessin zerbricht Effis Vergangenheit und Zukunft verbindende ›Lebensbrücke‹.

[82] Die Spukgestalt des Chinesen hat u. a. bei Friedrich Spielhagen Befremden ausgelöst. Er hielt den »famosen Chinesen« gar für einen Stilbruch in Fontanes Roman. Vgl. Spielhagen, Friedrich: Neue Beiträge zur Theorie und Technik der Epik und Dramatik. a.a.O., 115. Für Fontane selbst erscheint dieser Komplex von entscheidender Bedeutung, was er in einem Brief zum Ausdruck bringt: »Sie sind der erste, der auf das Spukhaus und den Chinesen hinweist; ich begreife nicht, wie man daran vorbeisehen kann, denn erstlich ist dieser Spuk, so bilde ich mir wenigstens ein, an und für sich interessant, und zweitens, wie Sie hervorgehoben haben, steht die Sache nicht zum Spaß da, sondern ist ein Drehpunkt für die ganze Geschichte.« Fontane, Theodor: Brief an Joseph Viktor Widmann vom 19. November 1895. In: Fontanes Briefe in zwei Bänden. a.a.O., 386

[83] Nur nach dem Spukerlebnis bittet Effi Johanna die Fenster aufzustoßen um Licht und Luft zu haben (88).

[84] Avery, George: a.a.O., 22. Er verweist des Weiteren darauf, dass Effi Kessin mit Kälte und nördlicher Lage assoziiert und im Rahmen ihrer Ausstattungswünsche konsequenterweise um die Anschaffung eines Pelzmantels bittet.

[85] Vgl. hierzu unsere Ausführungen in Kap. 3.2

[86] Vgl. hierzu z. B. Fleig, Horst: a.a.O., 80 ff.; Gilbert, Mary Enole: Fontanes *Effi Briest*. a.a.O., 73; Günther Vincent: Das Symbol im erzählerischen Werk Fontanes. Bonn 1967, 66; Quabius, Richard: a.a.O., 143; Weber, Dietrich: *Effi Briest* – »Auch wie ein Schicksal«. Über den Andeutungsstil bei Fontane. In: Jahrbuch des Freien Deutschen Hochstifts. Tübingen 1966, 471

[87] Herrmann, Helene: a.a.O., 620

[88] Quabius, Richard: a.a.O., 143

[89] Dietrich Weber fügt dem Zusammentreffen von äußeren Umständen, gesellschaftlichen Bedingungen und psychischen Konstellationen als Grundlage für die Verführung noch den naturmagischen Aspekt hinzu. Vgl. ders.: a.a.O., 471 ff.

[90] Vgl. Tau, Max: a.a.O., 50 ff.

[91] Demetz, Peter, a.a.O., 117. Vgl. auch Westermann, Ruth: Theodor Fontane – sein und unser Berlin. o. O., o. J., 23–30 (Fotokopie Germanistisches Institut, Universität Hamburg)

[92] Vgl. hierzu auch die geschilderten Begebenheiten: 236, 239 ff., 242 f., 256 f.

[93] Tau, Max: a.a.O., 30

[94] Es mag kaum überinterpretiert sein, diese sich deckenden Rauchfahnen als Symbol für die nur kurze Begegnung mit Crampas anzusehen. Vgl. zum Zugmotiv besonders: Gilbert, Mary Enole: Fontanes *Effi Briest*. a.a.O., 73

[95] Dieser besonderen Adresse in Verbindung mit der Zahl 3 widmet sich Donalds Riechel ausführlich in seiner Betrachtung: Effi Briest And The Calendar Of Fate. In: Germanic Review 48 (1973), 3, 203 ff.

[96] Quabius, Richard: a.a.O., 144

[97] Vgl. Günther, Vincent: a.a.O., 42 ff.

[98] Dem äußeren Erscheinungsbild Effis kommt besondere Bedeutung zu. »Auch die äußere Erscheinung Effis wurde mir durch einen glücklichen Zufall an die Hand gegeben; ich saß im Zehnpfund-Hotel in Thale [...] als ein englisches Geschwisterpaar [...] sich an die Brüstung lehnte [...] Das Mädchen war genauso gekleidet, wie ich Effi in den allerersten und dann auch wieder in den allerletzten Kapiteln geschildert habe: Hänger, blau und weiß gestreifter Kattun, Ledergürtel und Matrosenkragen. Ich glaube, daß ich für meine Heldin keine bessere Erscheinung und Einkleidung finden konnte, und wenn es nicht anmaßend wäre, das Schicksal als etwas einem für jeden Kleinkram zu Diensten stehendes Etwas anzusehen, so möchte ich beinah sagen: das Schicksal schickte mir die kl. Methodistin.« Fontane, Theodor: Brief an Hans Hertz vom 2. März 1895. In: Fontanes Briefe in zwei Bänden. a.a.O., 368

[99] Vgl. Gilbert, Mary Enole: Fontanes *Effi Briest*. a.a.O., 66

[100] Vgl. Schwarz, Peter Paul: »Tragische Analysis« und Schicksalsvorausdeutungen in Fontanes Roman *Effi Briest*. In: Sprachkunst 7 (1976), 2, 254

[101] Vgl. die Ausführungen zu »elementaren Vorzeichen« bei Günther, Vincent: a.a.O., 66

[102] Vgl. Häuptner, Gerhard: Über die Zeitkonserve und das Problem des Revenant. In: Psyche 3 (1949/50), 74

[103] Gerhard Häuptner spricht in diesem Zusammenhang von einem ihr zustoßenden Fatum der Verlobung und Heirat. »Hier handelt niemand, alles geschieht einfach so, wie ausgeliefert einem scheinbar ganz harmlosen ›Appetit‹ auf das Nichts [...]«, s. ders.: a.a.O., 73. Für Hans-Heinrich Reuter bedeutet diese Eheschließung die Tarnung eines unmenschlichen Kaufs, der in seinen Konsequenzen sowohl Effi als auch ihren Eltern verborgen bleibt. Vgl. ders.: Fontane. 2. Bd., München 1968, 683

[104] In Anlehnung an Georg Lukács kann u. E. bereits zu diesem Zeitpunkt von einer vorhandenen Unfähigkeit, Effis über den Horizont der Moral ihrer Gesellschaftsschicht

hinauszublicken, gesprochen werden, die zu beinahe größerer Tragweite im Rahmen der Schuldannahme gelangt. Bei ihrer Verheiratung wird Effi uns als eine Gestalt ihrer Adelswelt präsentiert und als solche folgt sie deren Gesetzen im Verlauf des Geschehens. Vgl. Lukács, Georg: a.a.O., 158

105 Vgl. Müller-Seidel, Walter: Gesellschaft und Menschlichkeit im Roman Theodor Fontanes. In: Heidelberger Jahrbücher, Band IV, Berlin 1960, 108–127

106 Vgl. Quabius, Richard: a.a.O., 146 f.

107 Vgl. Rothenberg, Jürgen: Realismus als ›Interessenvertretung‹. Fontanes *Effi Briest* im Spannungsfeld zwischen Dichtungstheorie und Schreibpraxis. In: Euphorion 71 (1977), 2, 154 ff.

108 Vgl. zum Problemkreis des Chinesen besonders: Avery, George: a.a.O., 18–38, und die Studie von Carter, T.: a.a.O., 38–42, sowie Grawe, Christian: Effi Briest. a.a.O., 230 ff.

109 Vgl. u. a. Mittenzwei, Ingrid: Die Sprache als Thema. a.a.O., 141 f.

110 Müller-Seidel, Walter: Gesellschaft und Menschlichkeit im Roman Theodor Fontanes. a.a.O., 120

111 Vgl. unsere Ausführungen in Kap. 3.4

112 Weber, Dietrich: a.a.O., 458

113 Vgl. unsere Ausführungen in Kap. 4.1

114 Vgl. Demetz, Peter: a.a.O., 204 ff.

115 Ders.: a.a.O., 205

116 Vgl. u. a. Herrmann, Helene: a.a.O., 620

117 Riechel, Donald: a.a.O., 202

118 Wandrey, Conrad: a.a.O., 293

119 Vgl. z. B. Reuter, Hans-Heinrich: a.a.O., 683

120 Richter, Karl: Resignation. Eine Studie zum Werk Theodor Fontanes. Stuttgart, Berlin, Köln, Mainz 1966, 110

121 Eine Schuld nicht gegenüber einer göttlichen Weltordnung, sondern als Verstoß gegen das Sittengesetz ihres Jahrhunderts. »Aber im Effekt ist es dasselbe.« Roch, Herbert: Fontane, Berlin und das 19. Jahrhundert. Berlin-Schöneberg 1962, 241

122 Vgl. u. a. Heiseler, Bernt von: *Effi Briest*. In: Heiseler, Bernt von: Gesammelte Essays zur alten und neuen Literatur. 1. Bd., Figuren I. Stuttgart 1966, 212

123 Hierzu *Effi Briest*, S. 21; der alte Briest versucht sich als Namensforscher: »Geert, wenn er nicht irre, habe die Bedeutung von einem schlank aufgeschossenen Stamm, und Effi sei dann also der Efeu, der sich darumzuranken habe.«

124 »Er ist gerade so alt wie Mama, auf den Tag.« »Und wie alt ist denn eigentlich deine Mama?« »Achtunddreißig.« (13)

125 Vgl. auch Bange, Pierre: Humor und Ironie in *Effi Briest*. Fontanes Realismus. Wissenschaftliche Konferenz zum 150. Geburtstag Theodor Fontanes in Potsdam. Vorträge und Berichte. Im Auftrag der Deutschen Staatsbibliothek, hrsg. v. Hans-Erich Teitge und Joachim Schobeß. Berlin 1972, 144

126 Vgl. Müller-Seidel, Walter: Gesellschaft und Menschlichkeit im Roman Theodor Fontanes. a.a.O., 120 f.

127 Vgl. hierzu die Ausführungen bei Roch, Herbert: a.a.O., 235 f.

128 Vgl. Richter, Karl: a.a.O., 45

129 Vgl. hierzu Mittenzwei, Ingrid: Die Sprache als Thema. a.a.O., 143

130 Fontane, Theodor: Brief an Hermann Wichmann vom 24. April 1896. In: Briefe Theodor Fontanes. Zweite Sammlung. Hrsg.: Otto Pniower u. Paul Schlenther. 2. Bd., Berlin-Dahlem 1910, 2. Aufl., 386

131 Mittenzwei, Ingrid: Die Sprache als Thema. a.a.O., 143 f.

132 Wandrey, Conrad: a.a.O., 285

133 Vgl. hierzu das Selbstgespräch Innstettens nach dem für Crampas tödlichen Duell (247 f.)

134 Gerhard Häuptner sieht in dem Päckchen mit Liebesbriefen »ein Stück auf Eis gelegte Zeit«. Diese Zeit ist es, die eine tödliche Rache ausübt; denn »nicht ein nicht zu betäubendes Gewissen, nicht ein mächtiges Schuldbewußtsein reißt hier die Maske von den Dingen – nein, einfach die Zeit ist es, sie bringt es so mit sich.« S. ders.: a.a.O., 75

135 Vgl. Roch, Herbert: a.a.O., 238 f.

136 Brinkmann, Richard: a.a.O., 423

137 Fontane selbst zeigt sich erstaunt, wenn er in einem Brief über die Reaktionen der Leser auf die Person Innstettens schreibt: »Ja, Effi! Alle Leute sympathisieren mit ihr, und einige gehen so weit, im Gegensatze dazu, den Mann als einen ›alten Ekel‹ zu bezeichnen. Das amüsiert mich natürlich, gibt mir aber auch zu denken, weil es wieder beweist, wie wenig den Menschen an der sogenannten ›Moral‹ liegt und wie die liebenswürdigen Naturen dem Menschenherzen sympathischer sind. Ich habe dies lange gewußt, aber es ist mir nie so stark entgegengetreten wie in diesem Effi-Briest- und Innstetten-Fall. Denn eigentlich ist er (Innstetten) doch in jedem Anbetracht ein ganz ausgezeichnetes Menschenexemplar, dem es an dem, was man lieben muß, durchaus nicht fehlt. Aber sonderbar, alle korrekten Leute werden schon bloß um ihrer Korrektheiten willen mit Mißtrauen, oft mit Abneigung betrachtet.« Fontane, Theodor: Brief an Clara Kühnast vom 27. Oktober 1895. In: Fontanes Briefe in zwei Bänden. a.a.O., 383

138 Vgl. Brinkmann, Richard: a.a.O., 422

[139] Vgl. zum Bedeutungsgehalt des Namens besonders die Ausführungen bei Fleig, Horst: a.a.O., 86 f.

[140] Vgl. hierzu auch Schillemeit, Jost: a.a.O., 97 f.; ebenfalls Richter, Karl: a.a.O., 50 f.

[141] »[...] er lebt gern und ist zugleich gleichgültig gegen das Leben.« (277)

[142] Peter Paul Schwarz macht darauf aufmerksam, »daß dieses Schicksal sich nicht vollzieht, ohne daß es von Crampas aufgrund seiner charakterlichen Disposition herausgefordert würde«. So liegt seiner Wiedergabe Heinescher Gedichte zwar die Absicht der Verführung zugrunde, sie macht aber auch »auf das Zitaten- und Rollenwesen von Crampas aufmerksam, der versucht, romantisches Schicksal à la Heine in die Gegenwart zu übertragen«. Ders.: a.a.O., 256

[143] Das ursprünglich von Walter Müller-Seidel gewählte Attribut »unnötig« empfinden wir nach unseren vorherigen Aussagen als nicht mehr gerechtfertigt.

[144] Müller-Seidel, Walter: Gesellschaft und Menschlichkeit im Roman Theodor Fontanes. a.a.O., 119

[145] Vgl. Wölfel, Kurt: a.a.O., 152–171. Wir können Wölfel in seinen Aussagen allerdings nicht ganz folgen, wenn er davon ausgeht, dass sich eine Figur Fontanes »nicht nur als Partikel der bestehenden Gesellschaft erlebt«, sondern sich »darüber hinaus auch determiniert, ja präformiert als bloße Konkretisierung und Aktualisierung eines Typischen, das war und sein wird«, empfindet. Ders.: a.a.O., 161

[146] Vgl. hierzu auch Richter, Karl: a.a.O., 67

[147] Vgl. auch Bange, Pierre: a.a.O., 144 ff.

[148] Schwarz, Peter Paul: a.a.O., 247

[149] So z. B. Sidonie von Grasenabb als disziplinierte Gesellschaftsdame (173) und die alte Ritterschaftsrätin von Padden in ihrer Menschlichkeit ausstrahlenden Persönlichkeit (190 ff.)

[150] Vgl. zum Erscheinungsbild Gieshüblers: *Effi Briest*, 70 ff.

[151] Wir können Dietrich Weber aus der Erkenntnis, die sich aus den aufgeführten Beispielen ergibt, nicht zustimmen, wenn er formuliert: »Angesichts der fortschreitenden Entfremdung der Ehegatten gibt es in seinem Verhalten kein Anzeichen dafür, daß er (Rollo, d. Verf.) für den einen oder anderen Partei ergreift.« Ders.: a.a.O., 460 f.

[152] Vgl. Weber, Dietrich: a.a.O., 459 ff.

[153] Vgl. hierzu auch Schwarz, Peter Paul: a.a.O., 247 f.

[154] Lämmert, Eberhard: Bauformen des Erzählens. Stuttgart 1975, 6. unver. Aufl, 23

[155] Weber, Dietrich: a.a.O., 457

[156] Fontane, Theodor: Brief an Gustav Karpeles vom 18. August 1880. In: Fontanes Briefe in zwei Bänden. a.a.O., 27

[157] Vgl. Lämmert, Eberhard: a.a.O, 150 ff.

[158] Vgl. hierzu auch Avery, George: a.a.O., 22

[159] Schwarz, Peter Paul: a.a.O., 256

[160] Ders.: a.a.O., 256

[161] Ders.: a.a.O., 256

[162] Vgl. Helmers, Hermann: Die Figur des Erzählers bei Raabe. In: Ders. (Hrsg.): Raabe in neuer Sicht. Stuttgart 1968, 317

[163] Vgl. Füger, Wilhelm: Zur Tiefenstruktur des Narrativen. Prolegomena zu einer generativen ›Grammatik‹ des Erzählens. In: Poetica 5 (1972), 273

[164] Helmers, Hermann: a.a.O., 332 f.

[165] Vgl. Wilpert, Gero von: Sachwörterbuch der Literatur. Stuttgart 1969, 5. Aufl., 838 f.

[166] Vgl. Helmers, Hermann: Die Figur des Erzählers bei Raabe. a.a.O., 326 ff.

[167] Vgl. Martini, Fritz: Deutsche Literatur im bürgerlichen Realismus. a.a.O., 790

[168] Vgl. Gilbert, Mary Enole: Das Gespräch in Fontanes Gesellschaftsromanen. a.a.O., 46 ff.; vgl. auch Rychner, Max: a.a.O., 259 f.

[169] Vgl. Gilbert, Mary Enole: Weddings and Funerals. A Study of Two Motifs in Fontane's Novels. In: Deutung und Bedeutung. Studies in German and comparative literature presented to Karl-Werner Maurer. The Hague 1973, 199

[170] Vgl. Thanner, Josef: Die Stilistik Theodor Fontanes. a.a.O., 126 ff.

[171] Thanner, Josef: Die Stilistik Theodor Fontanes. a.a.O., 135

[172] Vgl. Herrmann, Helene: a.a.O., 553; Gilbert, Mary Enole: Fontanes *Effi Briest*. a.a.O., 70

[173] Vgl. Gilbert, Mary Enole: Fontanes *Effi Briest*. a.a.O., 70

[174] So in *L'Adultera*, *Schach von Wuthenow*, *Unwiederbringlich*, *Irrungen, Wirrungen*.

[175] Fontane, Theodor: Brief vom 12. Juni 1895 (Empfänger nicht vermerkt). In: Behrend, Fritz: Aus Fontanes Werkstatt. a.a.O., 43

[176] Vgl. Schillemeit, Jost: a.a.O., 96

[177] Vgl. Gilbert, Mary Enole: Das Gespräch in Fontanes Gesellschaftsroman. a.a.O., 46 ff.

[178] Vgl. Richter, Karl: a.a.O., 50. Fast unverständlich verbleibt nach allem Fontanes Wendung gegen die allgemeine Parteinahme für Effi. Vgl. hierzu Fontane, Theodor: Brief an Clara Kühnast vom 27. Oktober 1895. In: Fontanes Briefe in zwei Bänden. a.a.O., 383

[179] Brinkmann, Richard: a.a.O., 422; vgl. auch die Ausführungen bei Müller-Seidel, Walter: Theodor Fontane. Soziale Romankunst in Deutschland. a.a.O., 376 f.

[180] Lübbe, Hermann: Fontane und die Gesell-

schaft. In: Festgabe für Benno von Wiese. Bonn 1963, 233

181 Vgl. Ohl, Hubert: Bild und Wirklichkeit. Studien zur Romankunst Raabes und Fontanes. Heidelberg 1968, 181

182 Ders.: a.a.O., 181 f.

183 Schillemeit, Jost: a.a.O., 96

184 Vgl. Ohl, Hubert: a.a.O., 182

185 Vgl. Rothenberg, Jürgen: a.a.O., 168

186 Kayser, Wolfgang: Der Stilbegriff in der Literaturwissenschaft. In: Die Vortragsreise. Studien zur Literatur. Bern 1958, 77

187 Vgl. Müller-Seidel, Walter: Theodor Fontane. Soziale Romankunst in Deutschland. a.a.O., 457 ff.

188 Vgl. hierzu besonders Gilbert, Mary Enole: Das Gespräch in Fontanes Gesellschaftsromanen. a.a.O. und Mittenzwei, Ingrid: Die Sprache als Thema. a.a.O.

189 Die angegebenen Romanpassagen sind jeweils als Beispiele anzusehen und könnten vielfältig ergänzt werden.

190 Fontane, Theodor: Brief an Friedrich Stephany vom 10. Oktober 1889. In: Reuter, Hans-Heinrich (Hrsg.): Theodor Fontane. Von Dreissig bis Achtzig. Sein Leben in seinen Briefen. München 1970, 331

191 Fontane, Theodor: Sämtliche Werke. Aufsätze. Kritiken. Erinnerungen. 1. Band: Aufsätze und Aufzeichnungen. Hrsg. v. Walter Keitel. Hrsg. des vorliegenden Bandes: Jürgen Kolbe. München 1969, 461

192 Pierre Bange sieht durch diese Szene, die nach Vater Briest aufgrund des Vergleichs Friedrich–Käthchen mit Innstetten–Effi alles verschiebt, die Struktur des Romans dahingehend verändert, dass mittels dieser Theateraufführung »die Sinnlosigkeit der zeitgenössischen Wirklichkeit im Vergleich mit der sinnvollen Welt, die sich Kleist gemacht hat, zum Vorschein kommt. Zur gleichen Zeit wird auch die Verlogenheit, der illusionäre Charakter der Kleistschen sinnvollen Welt im Vergleich mit der Realität, die der Roman darstellt, entlarvt.« Ders.: a.a.O., 147

193 Ein ähnlich familienbewusstes Verhalten legt Effi an den Tag, wenn sie gegenüber Innstetten äußert: »Gott sei Dank haben wir Briests keinen Spuk. Die Briests waren immer sehr gute Leute, und damit hängt es wohl zusammen.« (93)

194 Vgl. Schweizer, Ronald: a.a.O., 91

195 Vgl. Fontane, Theodor: Brief an die Frau vom 24. Juni 1881. In: Fontane, Theodor: Briefe I. Briefe an den Vater, die Mutter und die Frau. Hrsg. v. Kurt Schreinert. Zu Ende geführt und mit einem Nachwort versehen v. Charlotte Jolles. Berlin o. J., 155

196 Mittenzwei, Ingrid: Theorie und Roman bei Theodor Fontane. In: Deutsche Romantheorien. Beiträge zu einer historischen Poetik des Romans in Deutschland. Hrsg. u. eingel. v. Reinhold Grimm. Bonn 1968, 241

197 Weber, Dietrich: a.a.O., 458

198 Schweizer, Ronald: Thomas Mann und Theodor Fontane. Eine vergleichende Untersuchung zu Geist und Stil ihrer Werke. Zürich 1971, 87

199 Vgl. Thanner, Josef: Die Stilistik Theodor Fontanes. a.a.O., 126 ff.

200 Gilbert, Mary Enole: Das Gespräch in Fontanes Gesellschaftsromanen. a.a.O., 119, Fußnote 189

201 Zur Sprache Crampas' vgl. auch Kap. 4.2.2 dieser Arbeit

202 Lukács, Georg: a.a.O., 141

203 Quabius, Richard: a.a.O., 148 f.

204 Fontane, Theodor: Brief an Friedrich Stephany vom 2. Juli 1894 – kurz vor der Vollendung des Romans. In: Fontanes Briefe in zwei Bänden. a.a.O., 348. »Liebesgeschichten, in ihrer schauderösen Ähnlichkeit, haben was Langweiliges –, aber der Gesellschaftszustand, das Sittenbildliche, das versteckt und gefährlich Politische, das diese Dinge haben, das (speziell hier) beständig an die Verschwörung Grenzende, ***das*** ist es, was mich so sehr daran interessiert.«

205 Vgl. Helmers, Hermann: Didaktik der deutschen Sprache. Stuttgart 1976, 9. Aufl. 310 ff.

206 Aus diesem Grunde spricht Paul Böckmann vom »Zeitroman« Fontanes. Vgl. ders.: Der Zeitroman Fontanes. In: Der Deutschunterricht 11 (1959), 5, 59–81; vgl. ebenfalls unsere Ausführungen in Kap. 1.1

207 Tippkötter, Horst: Theodor Fontanes Zeitromane im Kursunterricht der Sekundarstufe II. In: Der Deutschunterricht 29 (1977), 4, 43

208 Vgl. Fontane, Theodor: Briefe an Georg Friedländer. Hrsg. von Kurt Schreinert. Heidelberg 1954

209 Vgl. hierzu Müller-Seidel, Walter: Theodor Fontane. Soziale Romankunst in Deutschland. a.a.O.

210 Vgl. Helmers, Hermann: Didaktik der deutschen Sprache. a.a.O., 317 f., ders.: Fortschritt des Literaturunterrichts. Modell einer konkreten Reform. Stuttgart 1974, 38 ff.

211 Bei einer Entscheidung für diesen didaktischen Lösungsweg empfiehlt sich folgende Literatur für den Unterrichtenden: Bonwit, Marianne: Effi Briest und ihre Vorgängerinnen Emma Bovary und Nora Helmer. In: Monatshefte für deutschen Unterricht (Wisconsin) 40 (1948), 445–456. Furst, Lilian: Madame Bovary und Effi Briest. In:

Romanistisches Jahrbuch 12 (1961), 124–135; Geffcken, Hanna: *Effi Briest* und *Madame Bovary*. In: Das literarische Echo 22 (1921), 523–527; Stern, J. P. M.: *Effi Briest* : *Madame Bovary* : *Anna Karenina*. In: Modern Language Review 52 (1957), 363–375; Teller, Louis: Fontane in Flauberts Fußstapfen. In: Revue des Langues Vivantes 23 (1957), 147–160, 231–255, 331–343; Tetzlaff, Otto: Effi Briests holländische Nachfolgerin. In: Fontane Blätter 1970, 2, 116–119

212 Vgl. zur Rezeptionsgeschichte: Tontsch, Ulrike: Der ›Klassiker‹ Fontane. Ein Rezeptionsprozeß. Bonn 1977; Scharfarschik, Walter (Hrsg.): Theodor Fontane. *Effi Briest*. Erläuterungen und Dokumente. Stuttgart 1975; vgl. auch Liesenhoff, Carin: a.a.O.; Lukács, Georg: a.a.O.; Müller-Seidel, Walter: Theodor Fontane. Soziale Romankunst in Deutschland. a.a.O.

213 Vgl. zu den Verfilmungen von *Effi Briest:* Bawden, Liz-Anne (Hrsg.): Büchers Enzyklopädie des Films (Edition der deutschen Ausgabe von Wolfram Tichy). Luzern, Frankfurt 1977, 261–262; Der Spiegel 33 (1979), 44, 287; Gregor, Ulrich: Geschichte des Films ab 1960. Abschnitt 147: Rainer Werner Fassbinder. München 1987, 147–151; Heinkel, Ernst: Epische Literatur im Film. Eine Untersuchung im besonderen Hinblick auf die doppelte Filmfassung von Theodor Fontanes *Effi Briest*. München 1958; Pflaum, Hans Günther u. Prinzler, Hans Helmut: Film in der Bundesrepublik Deutschland. München, Wien 1979; Riess, Curt: Das gab's nur einmal. o. O. 1956, 629, vgl. vor allem auch Schmid, Eva M.: War Effi Briest blond? Bildbeschreibungen und kritische Gedanken zu vier *Effi Briest*-Verfilmungen. In: Gast, Wolfgang: Literaturverfilmung. Bamberg 1993, 75–99

214 Welche Werke der im Literaturverzeichnis angegebenen Primär- und Sekundärliteratur den Schülern für ihre Arbeit zur Verfügung gestellt werden, obliegt der Entscheidung des Fachlehrers und den jeweiligen Möglichkeiten des Schulortes. Bei der von uns angegebenen Literatur zu den einzelnen Referat-Themen handelt es sich lediglich um mehr oder weniger willkürlich ausgewählte Quellen, die ohne Schaden durch andere – evtl. auch leichter verfügbare – ersetzt werden können. Der Roman mit Erläuterungen und Nürnberger, Helmuth: Theodor Fontane in Selbstzeugnissen und Bilddokumenten. Reinbek b. Hamburg 1968, sollten sich in Händen aller Schüler befinden.

215 Als mögliche Quizfragen bieten sich z. B. an:
a) 1. Wer ist die Trippelli?
2. Wie heißt Innstettens Kutscher in Kessin?
3. Welche Herren finden sich am Duellplatz ein und welche Funktionen erfüllen sie?
b) 1. Welche Pflanzen umgeben das Grab des Chinesen?
2. In welcher Straße liegt Effis letzte Wohnung in Berlin?
3. Nennen Sie drei Gegenstände aus der Eingangshalle des Kessiner Hauses.
c) 1. In welcher Jahreszeit verlobt sich Effi mit Innstetten?
2. Wie viele Jahre leben Effi und Innstetten in Berlin bis zur Entdeckung der Briefe?
3. In welchem Monat tritt Effi ihre Kur in Ems an?

216 Vgl. hierzu Bundeszentrale für politische Bildung, Bonn, Berliner Freiheit 7. (Hrsg.): Informationen zur politischen Bildung. 163: 1975. Das 19. Jahrhundert 1 Monarchie – Demokratie – Nationalstaat. 164: 1975. Das 19. Jahrhundert 2 Industrialisierung – Soziale Frage und die dort angegebene Literatur.

217 Vgl. hierzu Demetz, Peter: a.a.O.; Lukács, Georg: a.a.O.; Martini, Fritz: Deutsche Literaturgeschichte. Von den Anfängen bis zur Gegenwart. Stuttgart 1955, 7. Aufl.; ders.: Deutsche Literatur im bürgerlichen Realismus 1948–1998. a.a.O.; Wilpert, Gero von: a.a.O.

218 Vgl. hierzu Bantel, Otto: Grundbegriffe der Literatur. Frankfurt 1974, 10. Aufl.; Kayser, Wolfgang: Entstehung und Krise des modernen Romans. Stuttgart MCMLV; Wilpert, Gero von: a.a.O. oder alle anderen verfügbaren Literaturlexika.

219 Vgl. hierzu Focke, Katharina: Auf dem Wege zur Gleichberechtigung. In: Meyers Enzyklopädisches Lexikon in 25 Bänden. Band 9. Mannheim, Wien, Zürich 1973, 9. Aufl., 349–353

220 Material s.: Demeter, Karl: Das Deutsche Offizierskorps in Gesellschaft und Staat 1650–1945. Frankfurt 1962.

221 Vgl. Grawe, Christian: Effi Briest. In: Grawe, Christian (Hrsg.): Fontanes Novellen und Romane. Stuttgart 1991, 217–242

222 Hamann, Elsbeth: Theodor Fontanes *Effi Briest* aus erzähltheoretischer Sicht unter besonderer Berücksichtigung der Interdependenzen zwischen Autor, Erzählwerk und Leser. Bonn 1984, 366 ff.

223 Vgl. Brückner, Christine: Wenn du geredet hättest, Desdemona. Hamburg 1983, 2. Aufl.

224 Vgl. Seiler, Bernd W.: »Effi, du bist verloren!« In: Diskussion Deutsch (1988) 104, 586–605

[225] Vgl. Grawe, Christian: Über die Sinnentleerung der Literatur (Polemische Anmerkungen zu Bernd W. Seilers *Effi Briest*-Aufsatz in DD 104, 1988, S. 586–605). In: Diskussion Deutsch (1989) 106, 208–211

[226] Schillemeit, Jost: a.a.O., 93

[227] Vgl. Losch, Bernhard: Fontanes Effi Briest im *weiten Feld* der Rechtsphilosophie. In: Neue Juristische Wochenschrift (1996) 17, 1100–1103

Literaturverzeichnis

Primärliteratur

Fontane, Theodor: Effi Briest. Ullstein-Taschenbuch (Nr. 23417). Ungekürzte Ausgabe. Berlin 1999, 6. Aufl.

–: Sämtliche Werke. Aufsätze. Kritiken. Erinnerungen. 1. Bd. Aufsätze und Aufzeichnungen. Hrsg. v. Walter Keitel. Hrsg. des vorliegenden Bandes: Jürgen Kolbe, München 1969

–: Werke. Literarische Essays und Studien. Erster Teil. Gesammelt und hrsg. v. Kurt Schreinert. München 1963

–: Briefe I. Briefe an den Vater, die Mutter und die Frau. Hrsg. v. Kurt Schreinert. Zu Ende geführt und mit einem Nachwort versehen von Charlotte Jolles. Berlin o. J.

–: Briefe an Georg Friedländer. Hrsg. v. Kurt Schreinert. Heidelberg 1954

–: Briefe Theodor Fontanes. Zweite Sammlung. Hrsg.: Otto Pniower u. Paul Schlenther. 2. Bd. Berlin-Dahlem 1910, 2. Aufl.

–: Fontanes Briefe in zwei Bänden. Ausgewählt und erläutert v. Gotthard Erler. Berlin, Weimar 1968, 1. Aufl.

Reuter, Hans-Heinrich (Hrsg.): Theodor Fontane. Von Dreißig bis Achtzig. Sein Leben in seinen Briefen. München 1970

Sekundärliteratur

Attwood, Kenneth: Fontane und das Preußentum. Berlin o. J., 1. Aufl.

Avery, George: The Chinese Wall: Fontane's psychograph of Effi Briest. In: Views and Reviews of modern German literature. Festschrift für Adolf D. Klarmann. München 1974, 18–38

Bange, Pierre: Humor und Ironie in *Effi Briest*. In: Fontanes Realismus. Wissenschaftliche Konferenz zum 150. Geburtstag Theodor Fontanes in Potsdam. Vorträge und Berichte. Im Auftrag der Deutschen Staatsbibliothek, hrsg. v. Hans-Erich Teitge u. Joachim Schobeß. Berlin 1972, 143–148

Bantel, Otto: Grundbegriffe der Literatur. Frankfurt 1974, 10. Aufl.

Bawden, Liz-Anne (Hrsg.): Büchers Enzyklopädie des Films (Edition der deutschen Ausgabe von Wolfram Tichy). Luzern, Frankfurt 1977

Behrend, Fritz: Aus Fontanes Werkstatt. Berlin MCMXXIV

–: Theodor Fontane. Zu seinem Leben und Schaffen. Berlin 1933

Böckmann, Paul: Der Zeitroman Fontanes. In: Der Deutschunterricht 11 (1959), 5, 59–81

Bonwit, Marianne: Effi Briest und ihre Vorgängerinnen Emma Bovary und Nora Helmer. In: Monatshefte für deutschen Unterricht (Wisconsin) 40 (1948), 445–456

Brinkmann, Richard: Theodor Fontane. Über die Verbindlichkeit des Unverbindlichen. München 1967

Brückner, Christine: Wenn du geredet hättest, Desdemona. Hamburg 1983, 2. Aufl.
Brüggemann, Diethelm: Fontanes Allegorien. In: Die Neue Rundschau 82 (1971), I/H. 2, 290–310, II/H. 3, 486–505
Bundeszentrale für politische Bildung, Bonn, Berliner Freiheit 7 (Hrsg.): Informationen zur politischen Bildung. 163: 1975. Das 19. Jahrhundert 1 Monarchie – Demokratie – Nationalstaat 164: 1975. Das 19. Jahrhundert 2 Industrialisierung – Soziale Frage
Carter, T. E.: A Leitmotif in Fontane's *Effi Briest*. In: German Life and Letters NS 10 (1956/57), 38–42
Degering, Thomas: Das Verhältnis von Individuum und Gesellschaft in Fontanes *Effi Briest* und Flauberts *Madame Bovary*. Bonn 1978
Demeter, Karl: Das Deutsche Offizierskorps in Gesellschaft und Staat 1650–1945. Frankfurt 1962
Demetz, Peter: Formen des Realismus: Theodor Fontane. München 1964
Der Spiegel 33 (1979), 44, 287
Ester, Hans: Der selbstverständliche Geistliche. Untersuchungen zu Gestaltung und Funktion des Geistlichen im Erzählwerk Theodor Fontanes. Leiden 1975
Fleig, Horst: Sich versagendes Erzählen »Fontane«. Göppingen 1974
Focke, Katharina: Auf dem Wege zur Gleichberechtigung. In: Meyers Enzyklopädisches Lexikon in 25 Bänden. Bd. 9. Mannheim, Wien, Zürich 1973, 9. Aufl., 349–353
Füger, Wilhelm: Zur Tiefenstruktur des Narrativen. Prolegomena zu einer generativen ›Grammatik‹ des Erzählens. In: Poetica 5 (1972), 268–292
Furst, Lilian: *Madame Bovary* and *Effi Briest*. In: Romanistisches Jahrbuch 12 (1961), 124–135
Geffcken, Hanna: *Effi Briest* und *Madame Bovary*. In: Das literarische Echo 22 (1921), 523–527
Gilbert, Mary Enole: Das Gespräch in Fontanes Gesellschaftsromanen. Leipzig 1930, Palaestra 174
–: Fontanes *Effi Briest*. In: Der Deutschunterricht 11 (1959), 4, 63–75
–: Weddings and Funerals. A Study of Two Motifs in Fontane's Novels. In: Deutung und Bedeutung. Studies in German and comparative literature. Presented to Karl-Werner Maurer. The Hague 1973, 192–209
Glaser, Horst Albert: Theodor Fontane: *Effi Briest* (1894). Im Hinblick auf Emma Bovary und andere. In: Denkler, Horst (Hrsg.): Romane und Erzählungen des Bürgerlichen Realismus. Stuttgart 1980, 362–377
Grawe, Christian: Crampas' Lieblingsdichter Heine und einige damit verbundene Motive in Fontanes *Effi Briest*. In: Jahrbuch der Raabe-Gesellschaft 1982, 148–170
–: Effi Briest. In: Grawe, Christian (Hrsg.): Fontanes Novellen und Romane. Stuttgart 1991, 217–242
–: Über die Sinnentleerung der Literatur (Polemische Anmerkungen zu Bernd W. Seilers »Effi Briest« – Aufsatz in DD 104, 1988, S. 586–605). In: Diskussion Deutsch (1989), 106, 208–211
Gregor, Ulrich: Geschichte des Films ab 1960. Abschnitt 147: Rainer Werner Fassbinder. München 1978, 147–151
Greter, Heinz Eugen: Fontanes Poetik. Bern, Frankfurt 1973
Günther, Vincent: Das Symbol im erzählerischen Werk Fontanes. Bonn 1967

Häuptner, Gerhard: Über die Zeitkonserve und das Problem des Revenant. In: Psyche 3 (1949/50), 34–76
Hamann, Elsbeth: Theodor Fontanes *Effi Briest* aus erzähltheoretischer Sicht unter besonderer Berücksichtigung der Interdependenzen zwischen Autor, Erzählwerk und Leser. Bonn 1984
Haß, Ulrike: Theodor Fontane. Bürgerlicher Realismus am Beispiel seiner Gesellschaftsromane. Bonn 1979
Heilborn, Ernst (Hrsg.): Das Fontane-Buch. Berlin 1921, 6.–9. Aufl.
Heinkel, Ernst: Epische Literatur im Film. Eine Untersuchung im besonderen Hinblick auf die doppelte Filmfassung von Theodor Fontanes *Effi Briest*. München 1958
Heiseler, Bernt von: *Effi Briest*. In: Heiseler, Bernt von: Gesammelte Essays zur alten und neuen Literatur. 1. Bd., Figuren I. Stuttgart 1966, 206–213
Helmers, Hermann: Didaktik der deutschen Sprache. Stuttgart 1976, 9. Aufl.
–: Die Figur des Erzählers bei Raabe. In: Helmers, Hermann (Hrsg.): Raabe in neuer Sicht. Stuttgart 1968, S. 317–337
–: Fortschritt des Literaturunterrichts. Modell einer konkreten Reform, Stuttgart 1974
Herrmann, Helene: Theodor Fontanes *Effi Briest*. In: Die Frau, Neunzehnter Jahrgang, 1911–1912. Berlin 1912, 543–554, 610–625, 677–694
Hoffmann, Elisabeth: Annie von Innstetten – noch eine Nebenfigur in Effi Briest. Zur Dekonstruktion einer Schlüsselszene des Romans. In: Fontane-Blätter (1994) 57, 77–87
Jolles, Charlotte: Theodor Fontane. Stuttgart 1972
Kafitz, Dieter: Figurenkonstellation als Mittel der Wirklichkeitserfassung. Kronberg/Ts. 1978
Kahrmann, Cordula: Idylle im Roman. Theodor Fontane. München 1973
Kayser, Wolfgang: Der Stilbegriff in der Literaturwissenschaft. In: Die Vortragsreise. Studien zur Literatur. Bern 1958
–: Entstehung und Krise des modernen Romans. Stuttgart MCMLV
Lämmert, Eberhard: Bauformen des Erzählens. Stuttgart 1975, 6. Aufl.
Liesenhoff, Carin: Fontane und das literarische Leben seiner Zeit. Eine literatursoziologische Studie. Bonn 1976
Losch, Bernhard: Fontanes Effi Briest im »weiten Feld« der Rechtsphilosophie. In: Neue Juristische Wochenschrift (1996) 17, 1100–1103
Lübbe, Hermann: Fontane und die Gesellschaft. In: Festgabe für Benno von Wiese. Bonn 1963, 229–273
Lukács, Georg: Der alte Fontane. In: Lukács, Georg: Die Grablegung des alten Deutschlands. Reinbek b. Hamburg 1967, 120–159
Mann, Thomas: Anzeige eines Fontane-Buches (1919). In: Reden und Aufsätze I. Stockholmer Gesamtausgabe der Werke. Frankfurt 1965, 294–305
–: Der alte Fontane. In: Harden, Maximilian: »Die Zukunft«. 73 (1910) 1, 1–21
Martini, Fritz: Deutsche Literaturgeschichte. Von den Anfängen bis zur Gegenwart. Stuttgart 1955, 7. Aufl.
–: Deutsche Literatur im bürgerlichen Realismus 1848–1898. Stuttgart 1962

–: Theodor Fontanes Romane. In: Zeitschrift für Deutschkunde 49 (1935), S. 513–530

Mende, Dirk: Frauenleben. Bemerkungen zu Fontanes *L'Adultera* nebst Exkursen zu *Cécile* und *Effi Briest*. In: Aust, Hugo (Hrsg.): Fontane aus heutiger Sicht. München 1980, 183–213

Meyer, Peter: Die Struktur der dichterischen Wirklichkeit in Fontanes *Effi Briest*. München 1961

Meyer, Richard: Spielhagen über die *Wahlverwandtschaften*. In: Die Nation (1898) 19, 272–273

Minder, Robert: Schein und Sein bei Theodor Fontane. In: Erziehung zur Menschlichkeit. Festschrift für Eduard Spranger. Tübingen 1957, 421–426

Mittenzwei, Ingrid: Die Sprache als Thema – Untersuchungen zu Fontanes Gesellschaftsromanen. Bad Homburg, Berlin, Zürich 1970

–: Theorie und Roman bei Theodor Fontane. In: Deutsche Romantheorien, Beiträge zu einer historischen Poetik des Romans in Deutschland. Hrsg. u. eingel. v. Reinhold Grimm. Bonn 1968, 233–250

Müller-Seidel, Walter: Fontanes *Effi Briest*. Zur Tradition des Eheromans. In: Wissenschaft als Dialog. Wolfdietrich Rasch zum 65. Geburtstag. Hrsg. v. Renate von Heydebrand u. Klaus Günther Just. Stuttgart 1969, 30–58

–: Gesellschaft und Menschlichkeit im Roman Theodor Fontanes. In: Heidelberger Jahrbücher, Bd. IV. Berlin 1960, 108–127

–: Theodor Fontane. Soziale Romankunst in Deutschland. Stuttgart 1975

Nürnberger, Helmuth: Der frühe Fontane. Politik, Poesie, Geschichte 1840–1860, München 1971

–: Theodor Fontane in Selbstzeugnissen und Bilddokumenten. Reinbek b. Hamburg 1968

Ohl, Hubert: Bild und Wirklichkeit. Studien zur Romankunst Raabes und Fontanes. Heidelberg 1968

Paul, Adolf: Der Einfluß Walter Scotts auf die epische Technik Theodor Fontanes. Breslau 1934

Pflaum, Hans Günther u. Prinzler, Hans Helmut: Film in der Bundesrepublik Deutschland. München, Wien 1979

Preisendanz, Wolfgang (Hrsg.): Theodor Fontane. Darmstadt 1973

Quabius, Richard: Die Gestaltung des Raumes in Theodor Fontanes Roman *Effi Briest*. In: Acta Germanica 5 (1970), 133–152

Rainer, Ulrike: *Effi Briest* und das Motiv des Chinesen: Rolle und Darstellung in Fontanes Roman. In: Zeitschrift für deutsche Philologie 101 (1982), 545–561

Remak, Henry H. H.: Der Strandritt. Zwei Textanalysen aus dem 17. Kapitel von *Effi Briest*. In: Revue d'Allemagne 14 (1982), 277–288

–: Kritische Gedanken über Fontane anläßlich einer Fontanebiographie. In: Monatshefte für deutschen Unterricht (Wisconsin) 65 (1973), 27–38

Reuter, Hans-Heinrich: Fontane. 1. u. 2. Bd. München 1968

–: Theodor Fontane. In: Wiese, Benno von (Hrsg.): Deutsche Dichter des 19. Jahrhunderts. Berlin 1969, 557–598

Richert, Hans-Georg: Über eine andere Randfigur bei Fontane: Wüllersdorf. In: Colloquia Germanica 13 (1980), 246–252

Richter, Karl: Resignation. Eine Studie zum Werk Theodor Fontanes. Stuttgart, Berlin, Köln, Mainz 1966

Riechel, Donald: Effi Briest And The Calendar Of Fate. In: Germanic Review 48 (1973), 3, 189–211

Riess, Curt: Das gab's nur einmal. o. O. 1956, 629

Ritthaler, A.: *Effi Briest*. In: Weiße Blätter, Monatsschrift für Geschichte, Tradition und Staat (1942), 34–40

Roch, Herbert: Fontane, Berlin und das 19. Jahrhundert. Berlin-Schöneberg 1962

Rosebrock, Theo: Erläuterungen zu Theodor Fontanes *Effi Briest*. Hollfeld/Obfr. o. J.

Rothenberg, Jürgen: Realismus als ›Interessenvertretung‹. Fontanes *Effi Briest* im Spannungsfeld zwischen Dichtungstheorie und Schreibpraxis. In: Euphorion 71 (1977), 2, 154–168

Rychner, Max: *Effi Briest*. In: Rychner, Max: Welt im Wort. Literarische Aufsätze. Zürich 1949, 249–266

Schäfer, Renate: Fontanes Melusine-Motiv. In: Euphorion 56 (1962), 69–104

Schafarschik, Walter (Hrsg.): Theodor Fontane. *Effi Briest*. Erläuterungen und Dokumente. Stuttgart 1975

Schillemeit, Jost: Theodor Fontane. Geist und Kunst seines Alterswerks. Zürich 1961

Schmid, Eva M.: War Effi Briest blond? Bildbeschreibungen und kritische Gedanken zu vier »Effi Briest«-Verfilmungen. In: Gast, Wolfgang: Literaturverfilmung, Bamberg 1993. 75–99

Schuster, Peter-Klaus: Theodor Fontane: *Effi Briest* – Ein Leben nach christlichen Bildern. Tübingen 1978

Schwarz, Peter-Paul: ›Tragische Analysis‹ und Schicksalsvorausdeutungen in Fontanes Roman *Effi Briest*. In: Sprachkunst 7 (1976), 2, 247–260

Schweizer, Ronald: Thomas Mann und Theodor Fontane. Eine vergleichende Untersuchung zu Geist und Stil ihrer Werke. Zürich 1971

Seiffert, Hans Werner (unter Mitarbeit von Christel Laufer): Fontanes *Effi Briest* und Spielhagens *Zum Zeitvertreib* – Zeugnisse und Materialien. In: Seiffert, Hans Werner (Hrsg.): Studien zur neueren dt. Literatur. Berlin 1964, 255–300

–: Zu Fontanes *Effi Briest*. In: o. V.: Theodor Fontanes Werk in unserer Zeit. Potsdam 1966, 81–94

Seiler, Bernd W.: Effi, du bist verloren! In: Diskussion Deutsch (1988), 104, 586–605

Spielhagen, Friedrich: Die Wahlverwandtschaften und Fontanes *Effi Briest*. In: Das Magazin für Literatur 65 (1896), 13,409–426

–: Neue Beiträge zur Theorie und Technik der Epik und Dramatik. Leipzig 1898

Stern, J. P. M.: *Effi Briest* : *Madame Bovary* : *Anna Karenina*. In: Modern Language Review 52 (1957), 363–375

Tau, Max: Der assoziative Faktor in der Landschafts- und Ortsdarstellung Theodor Fontanes. Kiel 1928

Teller, Louis: Fontane in Flauberts Fußstapfen. In: Revue des Langues Vivantes 23 (1957), 331–343

Tetzlaff, Otto: Effi Briests holländische Nachfolgerin. In: Fontane Blätter (1970) 2, 116–119

Thanner, Josef: Die Stilistik Theodor Fontanes. The Hague, Paris 1967

–: Symbol and function of the symbol in Theodor Fontane's *Effi Briest*. In: Monatshefte für deutschen Unterricht (Wisconsin) 57 (1965), 187–192

Theodor-Fontane-Archiv: Zur Entstehungs- und Wirkungsgeschichte Fontanescher Romane, Sonderheft 2/1969. Aus den Kommentaren zur achtbändigen Ausgabe der Romane und Erzählungen, die zum 150. Geburtstag des Dichters im Aufbau-Verlag Berlin und Weimar erscheint. Mit einem Anhang: Neue Fontane-Texte im Aufbau-Verlag 1969. Hrsg. v. Theodor-Fontane-Archiv der Deutschen Staatsbibliothek, Potsdam, in Zusammenarbeit mit dem Kreis der Freunde Theodor Fontanes.

Tippkötter, Horst: Theodor Fontanes Zeitromane im Kursunterricht der Sekundarstufe II. In: Der Deutschunterricht 29 (1977), 4, 39–58

Tontsch, Ulrike: Der ›Klassiker‹ Fontane. Ein Rezeptionsprozeß. Bonn 1977

Wandel, Christiane: Die typische Menschendarstellung in Theodor Fontanes Erzählungen. Berlin 1938

Wandrey, Conrad: Theodor Fontane. München 1919

Waniek, Erdmann: Beim zweiten Lesen: der Beginn von Fontanes *Effi Briest* als verdinglichtes ›tableau vivant‹. In: German Quarterly 55 (1982), 164–174

Weber, Dietrich: *Effi Briest* – »Auch wie ein Schicksal«. Über den Andeutungsstil bei Fontane. In: Jahrbuch des Freien Deutschen Hochstifts. Tübingen 1966, 457–474

Westermann, Ruth: Theodor Fontane – sein und unser Berlin. o. O., o. J., 23–30 (Fotokopie Germanistisches Institut, Universität Hamburg)

Wilpert, Gero von: Sachwörterbuch der Literatur. Stuttgart 1969, 5. Aufl.

Wölfel, Kurt: »Man ist nicht bloß ein einzelner Mensch«. In: Zeitschrift für deutsche Philologie 82 (1963), 152–171

Zeller, Bernhard (Hrsg.): Theodor Fontane 1819–1969. Stationen seines Werkes. Eine Ausstellung des Deutschen Literaturarchivs im Schiller-Nationalmuseum. Marbach, Stuttgart 1969

Zeittafel zu Leben und Werk

1819 Geboren am 30. Dezember in Neuruppin
1827 Umzug der Familie nach Swinemünde
1832 Eintritt Gymnasium in Neuruppin
1833 Eintritt Gewerbeschule in Berlin
1836 Beginn Apothekerlehrzeit
1840 Apothekergehilfe
1844 Beginn Militärjahr, Reise nach England, Aufnahme in den Literarischen Sonntagsverein »Tunnel über der Spree«
1847 Approbation als Apotheker erster Klasse
1848 Barrikadenkämpfe 18. März, im Krankenhaus Bethanien angestellt
1849 Freier Schriftsteller, Korrespondent der »Dresdner Zeitung«
1850 Eintritt in das »Literarische Kabinett«, Heirat
1852 Korrespondent in London
1855–1859 Aufenthalt in London
1858 Reise nach Schottland
1860 Eintritt in die Redaktion der »Kreuzzeitung«
1864 Reise nach Schleswig-Holstein und Dänemark
1865 Reise an den Rhein und in die Schweiz
1866 Reise zu den böhmischen und süddeutschen Kriegsschauplätzen
1870 Bruch mit der »Kreuzzeitung«, Theaterrezensent »Vossische Zeitung«, Festnahme in Domremy, Rückkehr nach Berlin
1871 Reise nach Frankreich
1874 Italienreise
1875 Reise in die Schweiz und nach Oberitalien
1876 Ständiger Sekretär der Akademie der Künste in Berlin, Rücktritt, Entlassung
1894 Ehrendoktor der Philosophischen Fakultät der Universität Berlin
1898 Theodor Fontane am 20. September in Berlin gestorben

Romane

1878 *Vor dem Sturm*
1879 *Grete Minde*
1880 *L'Adultera*
1881 *Ellernklipp*
1882 *Schach von Wuthenow*
1884 *Graf Petöfy*
1885 *Unterm Birnbaum*
1887 *Cécile, Irrungen Wirrungen*
1890 *Stine Quitt*
1891 *Unwiederbringlich*
1892 *Frau Jenny Treibel*
1894 *Meine Kinderjahre, Effi Briest*
1895 *Die Poggenpuhls*
1898 *Von Zwanzig bis Dreissig, Der Stechlin*
1905 *Mathilde Möhring*

Bücher zur Kriegsgeschichte
Journalistische Arbeiten
Wanderungen durch die Mark Brandenburg (1862–1882, 4 Bände)
Balladen: Nordisches, Englisch-Schottisches, Preußisches
Lyrik: Märkische Reime, Gelegenheitsgedichte
Lieder und Sprüche
Fragmente